Damals bei uns in Westfalen

Dietmar Sauermann
Gerda Schmitz

Alltag auf dem Lande

Bilder und Berichte aus dem Archiv für westfälische Volkskunde

Landwirtschaftsverlag GmbH
Münster-Hiltrup

Damals bei uns in Westfalen

Bilder und Berichte zur Volkskunde und Volkskultur

Band 1	Dietmar Sauermann Gerda Schmitz	**Alltag auf dem Lande** Bilder und Berichte aus dem Archiv für westfälische Volkskunde 174 Seiten mit 256 Fotos und Zeichnungen
Band 2	Andreas Eiynck	**Alles unter Dach und Fach** Bauen und Wohnen in altem Fachwerk auf dem Lande 184 Seiten mit 259 Fotos und Zeichnungen
Band 3	Dietmar Sauermann	**Vom alten Brauch in Stadt und Land** Ländliches Brauchtum im Jahreslauf in Bildern und Berichten 178 Seiten mit 256 Fotos und Zeichnungen
Band 4	Fred Kaspar	**Alltagswelt in Kleinstadt und Dorf** Bilder und Berichte aus westfälischen Archiven 178 Seiten mit 266 Fotos und Zeichnungen
Band 5	Franz Jostes Gerda Schmitz	**Volkstracht und Mode im alten Westfalen** Erweiterte Neuausgabe nach dem „Westfälischen Trachtenbuch" 214 Seiten mit 385 Fotos, Zeichnungen und 24 Farbtafeln
Band 6	Fred Kaspar Thomas Spohn	**Unterwegs in Westfalen** Verkehrsentwicklung im Wandel der Zeit 176 Seiten mit 316 Fotos und Zeichnungen
Band 7	Christiane Cantauw-Groschek Ulrich Tenschert	**Kinderalltag in Stadt und Land 1800–1945** Bilder und Berichte aus dem Archiv für westfälische Volkskunde 168 Seiten mit 282 Fotos und Zeichnungen
	Dietmar Sauermann (Hrsg.)	**Gute Aussicht** Bilder u. Berichte a. d. Frühzeit des Fremdenverkehrs im Sauerland 264 Seiten mit 391 Fotos und Zeichnungen

Weitere Bände in Vorbereitung

Herausgegeben von der Volkskundlichen Kommission für Westfalen

Landschaftsverband
Westfalen-Lippe

edition güth im Landwirtschaftsverlag GmbH, 48084 Münster

7. Auflage 1998

Gesamtherstellung: LV Druck im Landwirtschaftsverlag GmbH

Gedruckt auf chlorfrei gebleichtem Papier

Printed in Germany

ISBN 3-7843-2575-0

Textredaktion: Dietmar Sauermann
Bildredaktion: Gerda Schmitz

Verlag und Herausgeber danken den Volksbanken und Spar- und Darlehnskassen im Raum Minden-Ravensberg, die in einer beispielhaften „Foto-Such-Aktion" zur Vervollständigung des Buches beigetragen haben.

Abb. 1) Bauer Trampe in der Seitentür seines Hauses. Westscheid bei Mennighüffen, Kr. Herford, 1920.

Abb. 2) Bauernhof mit Stellmacherei, Kr. Lübbecke.

Vorbemerkung

Es herrscht heute allgemein die Vorstellung, daß die bäuerlich-vorindustrielle Welt das „Goldene Zeitalter" gewesen sein muß. In verklärendem Rückblick stellt sich das Leben der Großväter und Urgroßväter als ruhige und beschauliche Gegenwelt zur Gegenwart dar. Sie war angeblich geordnet und überschaubar und entsprach den natürlichen Möglichkeiten des Menschen. Und so wird immer wieder behauptet, daß die Menschen damals zufriedener und glücklicher gewesen seien, als es heute der Fall ist. Diese rückwärtsgewandte Sehnsucht verstärkt sich zumeist dann, wenn in der Gegenwart die ungelösten Probleme überhandnehmen und der Glaube an den grenzenlosen Fortschritt des menschlichen Geistes, an die Allmacht der bürokratischen Planung, der naturwissenschaftlichen Grundlagenforschung und dem technischen Know-How zweifelhaft zu werden droht. Seit einigen Jahren befindet sich die Wohlstandsgesellschaft der westlichen Welt mit ihrer Wachstumsideologie und ihren technischen Großtaten in einer deutlich spürbaren Krise. Die Grenzen und die Gefahren dieser Lebenswelt wurden an allen Orten deutlich sichtbar und lenkten den Blick zunehmend auf die Vergangenheit, um dort Rat zu holen für die Bewältigung der Zukunft. Vielleicht, so hofft man, ist es doch möglich, aus der Geschichte zu lernen. Auf der Suche nach Alternativen durchstöberte man Archive und Bibliotheken, las alte Bücher und befragte alte Leute. So wurden viele längst vergessene Techniken und Rezepte (z.B. in der Nahrungsgewinnung und -zubereitung sowie in der Heilkunde) ins Gedächtnis der Allgemeinheit zurückgerufen und angewendet. Lieder aus alter Zeit wurden zu Hits. Alte, längst abgeschaffte Feste und Bräuche wurden zum Leben erweckt und ziehen Tausende von Menschen in ihren Bann. Monat für Monat öffnen neue Heimatmuseen ihre Tore und vertiefen das Bewußtsein und das Wissen über die Geschichte des Heimatraumes. In den großen Museen werden großangelegte Ausstellungen gezeigt, die in den Medien gefeiert werden und vor denen die Besucher Schlange stehen. Und auf dem Büchermarkt erscheinen „Sachbücher" zu einer Vielzahl von kulturgeschichtlichen Themen, ob es sich dabei nun um die Entwicklung der Eisenbahn oder des Autos, die Auswirkung der Industrialisierung oder das Bekanntwerden des Elefanten in Europa handelt. Volkskundler und Kulturwissenschaftler veröffentlichen populär gehaltene Kompendien über Feste, Hausbau, Tracht und Volkskunst. Lebenserinnerungen von einfachen Leuten über das Alltagsleben von Bauern, Gesindekräften, Bürgern und Arbeitern in der Fabrik aus der ersten Hälfte dieses Jahrhunderts werden zu Bestsellern.

Diesem breiten Interesse der Öffentlichkeit an der Vergangenheit kann sich auch die Volkskundliche Kommission für Westfalen des Landschaftsverbandes Westfalen-Lippe nicht verschließen, zumal sich ihr dadurch die Möglichkeit bietet, auf einige ihrer laufenden Arbeitsfelder hinzuweisen, einen Teil der Ergebnisse vorzustellen und um Unterstützung zu bitten. Dabei soll keineswegs das Bild von der heilen Welt in der Vergangenheit vertieft und gefestigt werden. Vielmehr gilt es, auf die vielen Zwischen- und Untertöne in den Zeugnissen über die Vergangenheit aufmerksam zu machen und auf die unterschiedlichen Sichtweisen in den Quellen hinzuweisen. Bei näherer Betrachtung zeigt es sich nämlich, daß die damalige Zeit keineswegs so harmonisch und vollkommen war, wie man es immer wieder hört. Die Sterblichkeit der Mütter und Säuglinge war z.B. hoch. Die Kriege forderten Opfer und hatten jahrzehntelange Folgen. Es herrschten Spannungen zwischen dem Bürger und dem Bauern, zwischen dem Gesinde und der Bauernfamilie. Diebstähle waren an der Tagesordnung. Die Arbeit war schwer und hart und erforderte nicht nur Muskelkräfte, sondern auch ein Wissen über die Gesetze der Natur. Es war ganz selbstverständlich, daß man z.B. die Baumaterialien zum Hausbau verwendete, die in unmittelbarer Nähe zu finden waren und daß man Kräuter als Heilmittel einsetzte, die im Garten oder im nahen Feld wuchsen, daß man das Wetter und das Verhalten der Tiere und Pflanzen genau beobachtete und daraus Schlüsse für die eigene Handlung zog.

Die globale zeitliche Umschreibung „damals" in dem Reihentitel dieser Veröffentlichung bedarf natürlich einer näheren Präzisierung. Gemeint ist der Zeitraum zwischen 1880 und dem zweiten Weltkrieg. Es ist die Zeit, in der noch eine Mehrheit der Bevölkerung in Westfalen auf dem Lande wohnte und die Landwirtschaft dominierte. Die bäuerlich-agrarische Welt aber befindet sich bereits in Auflösung. Längst hat die Mechanisierung in allen Bereichen eingesetzt, die Industriegesellschaft forderte ihre Rechte und veränderte schließlich auch das Leben auf dem Lande nachhaltig und unwiderruflich. Die bäuerliche Alltagswelt Westfalens der unmittelbaren Vergangenheit also ist das Thema dieses Buches, das durch Berichte und Bilder, die sich gegenseitig stützen und ergänzen sollen, in einem ersten Zugriff umrissen wird. Im Mittelpunkt stehen dabei das Wohnen und Wirtschaften auf den Bauernhöfen, wobei die verschiedenen Arbeitsbereiche, wie Ackerbau, Viehzucht und Hauswirtschaft besondere Beachtung finden. Denn sie offenbaren am deutlichsten das Fühlen und Denken der bäuerlichen Bevölkerung.

Die wirtschaftlichen und kulturellen Verhältnisse auf dem Lande waren an der Wende vom 19. zum 20. Jahrhundert in den einzelnen Landesteilen trotz vieler Gemeinsamkeiten recht unterschiedlich. Die Einteilung in Münsterland, Minden-Ravensberg, Paderborner Land, kurkölnisches und märkisches Sauerland ist zwar recht grob, doch sie reicht zunächst aus, um auf regionalspezifische Differenzierungen aufmerksam zu machen. In diesen großen Teilräumen ist nicht nur die naturräumliche Grundstruktur jeweils anders, sondern es ist auch die historische Entwicklung aufgrund der politischen Zugehörigkeit unterschiedlich verlaufen. Auch die

Abb. 3) Holzwarenhändler bietet seine Holzlöffel an. Rahden 1905.

Abb. 4) Zwei Bauernfamilien vor ihrem Hof. Die Frauen in Kirchgangstracht des Kirchspiels Rahden, Kr. Lübbecke. Um 1910.

konfessionelle Gliederung Westfalens, die ja für die Einstellung der Menschen zur Kultur und zur Arbeit von großer Bedeutung ist, darf hier nicht außer acht gelassen werden. Daher ist in diesem Band sowohl im Text- als auch im Abbildungsteil jeweils genau die Landschaft vermerkt worden, aus der das Zeugnis stammt. Auch haben wir uns an den alten Kreisgrenzen orientiert. Die abgedruckten Bilder und Beschreibungen sind zunächst als Einzelfälle anzufassen, die nicht ohne weiteres verallgemeinert werden dürfen. Diese Veröffentlichung hat also nicht das westfälische Bauerntum schlechtin zum Thema, sondern greift zeitlich und regional gesehen einige Beispiele heraus, die man allerdings als Ausgangspunkte für eine künftig zu leistende Gesamtdarstellung ansehen kann.

Die Bilder und Texte, die in diesem Buch veröffentlicht werden, entstammen dem Archiv für westfälische Volkskunde der Volkskundlichen Kommission für Westfalen des Landschaftsverbandes Westfalen-Lippe in Münster. Dieses gesamtwestfälische Dokumentationszentrum wurde 1951 von Frau Professor Dr. Martha Bringemeier nach schwedischem Vorbild gegründet. Einem festen Stamm von Gewährpersonen, die über ganz Westfalen gleichmäßig verstreut sind, werden in regelmäßigen Abständen Fragelisten zu fest umrissenen Themen zugeschickt, die auf die agrarisch-bäuerliche Lebenswelt um 1900 zugeschnitten sind. Einige dieser Themenbereiche sind: das Alltagsleben in einem ländlichen Haushalt, die bäuerliche Arbeit im Stall, im Haus und auf dem Felde, das Leben der bäuerlichen Arbeitskräfte, die Versorgung und Aufzucht des Viehs, die Schilderung der verschiedensten landwirtschaftlichen Produktionsvorgänge (wie z.B. Käse- und Milcherzeugung, Textilverarbeitung und Fleischverwertung). Es wird aber auch nach der Nahrungszubereitung, der Wohnungseinrichtung, dem Hausbau und den Festen gefragt.

Diese Umfragen sind so abgefaßt, daß die Berichterstatter dazu angeregt werden, zusammenfassende Aufsätze zu schreiben. Wichtig dabei ist, daß die Berichte ganz konkret auf die eigenen Erlebnisse eingehen. So entstanden in Einzelteilen nach und nach recht umfangreiche biographische Berichte von Landbewohnern oder Personen, die auf dem Lande groß geworden sind. Im Archiv für westfälische Volkskunde befinden sich heute mehr als 7.000 Berichte. Dieses umfangreiche Material (in Handschrift und in Maschinenschrift) wird durch verschiedene Karteien für die Benutzung durch die Wissenschaft, die Medien und die Heimatpflege aufgeschlossen. Bisher konnte nur ein kleiner Teil dieser Mansukripte veröffentlicht werden. So erschienen z.B. Dokumentationen zum bäuerlichen Brotbacken, über Schäfer und Schafzucht, über die Feier des Weihnachts- und des Osterfestes. Außerdem wurden zwei Mitarbei-

Abb. 5) Der Orgeldreher und die Dorfjugend. Aufn. von 1904

Abb. 6) Holzschuhmacherfamilie bei der Arbeit. Aufn. von 1905

Abb. 7) Bauernhofmuseum Bielefeld. Blick vom Herdfeuer zum Waschort mit Pumpe und Spülstein.

ter des Archivs in Veröffentlichungen vorgestellt, eine Bäuerin aus dem westlichen Münsterland und ein Arbeiter und Heuerling aus dem Tecklenburger Land.

In diesem Band sind nun 26 weitere unveröffentliche Berichte in einer Auswahldokumentation zusammengestellt. Auf diese Weise soll ein Einblick in die formale und inhaltliche Beschaffenheit des Materials im Archiv für westfälische Volkskunde gegeben werden. Gleichzeitig wird auf die Bedeutung dieser Quellen für die Kulturgeschichte und Volkskunde Westfalens hingewiesen, da die Berichte viele Informationen über das bäuerliche Leben enthalten, die in anderen Materialgruppen nicht zu finden sind. Vielleicht trägt diese Veröffentlichung dazu bei, daß einige Leser sich angesprochen fühlen, ihre Erlebnisse und Erfahrungen aus der Jugendzeit niederzuschreiben und dem Archiv für westfälische Volkskunde zur wissenschaftlichen Bearbeitung zur Verfügung zu stellen.

Neben den Manuskripten befindet sich im Archiv der Volkskundlichen Kommission auch ein umfassendes Bildarchiv. Systematische Veröffentlichungen dieser Dokumente konnten bisher noch nicht erfolgen, da es sehr zeitraubend und zum Teil sogar unmöglich ist, für ganz Westfalen repräsentatives Bildmaterial zusammenzutragen. Bei der Sichtung der Fotografien für diese Publikation zeigt es sich, daß Aufnahmen aus der Zeit vor dem zweiten Weltkrieg Mangelware sind. Dies ist u.a. darauf zurückzuführen, daß viele Situationen und Handlungen des alltäglichen Lebens als nicht bedeutsam genug angesehen und daher selten fotografiert wurden. Allerdings ist man immer wieder erstaunt, welche Schätze sich noch in den privaten Fotoalben befinden. Dies zeigt z.B. die Initiative der Volksbanken in Minden-Ravensberg, aus deren Sammlungsbeständen wir einige Aufnahmen hier abdrucken können. Bei einer Reihe von älteren Fotos, die optisch gesehen sehr wirksam sind und die zum Teil auch wiederholt veröffentlicht wurden, handelt es sich um künstlerische Arbeiten von Berufsfotografen. Hier sind z.B. die Fotos von Schäffer, Menninghüffen, zu nennen, von denen wir eine größere Zahl abdrucken. Auch diese Bilder haben einen historischen Quellenwert, der allerdings erst durch eine eingehende Bildanalyse erschlossen werden kann. Schließlich sei noch auf die Fotos hingewiesen, die räumliche Situationen in älteren und neueren Museen wiedergegeben. Auch hier muß die Frage nach der Authentizität und Repräsentativität gestellt werden, zumal in Häusern, die in Museen wieder aufgebaut wurden, nicht nur Möbel- und Geräteensemble wirklichkeitsgetreu nachgebildet werden, sondern auch didaktische Aufgaben zu erfüllen sind, die zu einer entscheidenden Veränderung der „natürlichen" Situation führen können. Daher haben wir

Abb. 8) Großvater beim Spinnen von Flachs, Enkel beim Haspeln des fertigen Garns. Mennighüffen, Kr. Herford, 1919.

versucht, möglichst wenige Aufnahmen dieser Art in diesem Buch zu berücksichtigen.

Viele komplizierte wissenschaftliche Gedankengänge und Verknüpfungen lassen sich durch eine bildliche Darstellung auf einen recht einfachen Nenner bringen. Damit kann oft schlaglichtartig verdeutlicht werden, was mit dem oft sehr speziellen und für Außenstehende schwer verständlichen Begriffssystem der wissenschaftlichen Sprache eigentlich gesagt werden soll. Für eine beschreibende und deutende Wissenschaft ist es sehr dienlich, wenn sie auf anschauliche und persönliche Schilderungen und auf Bildmaterial zur Illustration zurückgreifen kann. Jeder Wissenschaftler und jede wissenschaftliche Institution hat die Verpflichtung, nicht nur die eigenen Fachkollegen über die Arbeit zu informieren, sondern sich auch darum zu bemühen, der Öffentlichkeit zu verdeutlichen, welche Ergebnisse erarbeitet wurden. Dies ist um so dringlicher für die Fächer, die versuchen, Handlungen und Denkstrukturen von Menschen näher zu ergründen. In diesem Sinne möchte das Archiv des Landschaftsverbandes Westfalen-Lippe mit diesem Buch einen Einblick in seine Arbeitsweise und Dokumentationsbestände geben. Wenn der Leser neben den Informationen auch ein wenig Spaß und Unterhaltung beim Lesen und Durchblättern dieses Buches haben wird, würden wir uns sehr freuen.

Dietmar Sauermann

Volkskundliche Kommission
für Westfalen
Landschaftsverband Westfalen-Lippe
Domplatz 23
48143 Münster

Abb. 9) Hof Büssing, Halstern Nr. 7, Kr. Lübbecke. Aufn. von 1920.

Abb. 10) Bauernhof bei Ladbergen, Kr. Tecklenburg. Aufn. aus den 30er Jahren.

Abb. 11) Kotten in der Bauerschaft Loose bei Leeden, Kr. Tecklenburg, 1966.

Abb. 12) Hof Maaslingen Nr. 43 bei Petershagen, Kr. Minden. Aufgenommen in der Zeit um 1910 mit allen damals auf dem Hof benutzten landwirtschaftlichen Geräten für die nach Amerika ausgewanderten Söhne.

Abb. 13) Kotten in der Bauerschaft Crosewick bei Vreden, Kr. Ahaus, Foto ca. 1930. Unbewohnt seit 1952.

Abb. 14) Bauernhaus in Kirchundem-Flappe, Kr. Olpe. Vorderbau 1622, Hinterbau 1747. Aufn. von 1901.

Abb. 15

Abb. 16

Abb. 17) Dorfstraße in Borgeln, Kr. Soest, mit Häusern von „Brinksitzern". Aufn. aus den 30er Jahren.

Abb. 15) Bauernhaus in Oberfleckenberg, Kr. Meschede. Aufn. aus den 30er Jahren.

Abb. 16) Eines der ältesten Ackerbürgerhäuser in Winterberg. Erbaut 1759. Winterberg, Kr. Brilon.

Abb. 18) Blick auf Wenninghausen, Kr. Altena. Aufn. aus den 30er Jahren.

Abb. 19

Abb. 20) Fachwerkscheune mit Brettergiebel. Hof Stövesand, Bauerschaft Überems bei Harsewinkel, Kr. Warendorf,

Abb.21

Abb. 22) Speicher, „Spieker", Sükerhook, Kirchspielgemeinde Coesfeld, von 1960.

Abb. 19) Scheune „Museschüer". Hof Robert, Estern bei Gescher, Kr. Coesfeld, Aufn. von 1957.

Abb. 21) Schweinestall. Hof Grotpeter, Bauerschaft Loose bei Leeden, Kr. Tecklenburg.

Abb. 23) Backhaus. Hof Schulte-Herkendorf, Leeden, Kr. Tecklenburg.

Abb. 24) Hof Budde. Sitzplatz vor der Flettküche. Ladbergen, Kr. Tecklenburg. Aufn. von 1934.

Tagesablauf und Mahlzeiten auf einem Tecklenburger Bauernhof

Mittelpunkt des Haushaltes war das offene Herdfeuer in der großen Küche, auf dem so gut wie alle Speisen hergestellt wurden. Nur bei ausgesprochenem Winterwetter wurde die damals schon vorhandene Kochmaschine, ein eiserner Herd, in der Spinnstube angesteckt, auf dem dann auch wohl ein Teil der Speisen zubereitet wurde.

Das Herdfeuer

Die große Küche hatte an beiden Seiten je drei nicht zu öffnende Fenster und eine Seitentür, deren obere Flügel bei gutem Wetter immer offen standen und so die fehlende Fensterlüftung ersetzten. An der einen Fensterseite stand der graute Dischk, an der anderen war der Holthok, in dem immer Buskholt, Splittern, Hackklotz und Beil bereitlagen. Dicht am Herdfeuer stand der kleine runde Tisch, der hauptsächlich zum Abstellen diente. An ihm wurde gelegentlich auch Leuten aufgetischt, die man nicht am gemeinschaftlichen Essen teilnehmen lassen wollte. (Bettler, Landstreicher, auch solche Brüder der Landstraße, die als Gelegenheitsarbeiter einige Tage oder gar Wochen auf dem Hofe arbeiteten.) Dem Herdfeuer gegenüber war die Windfangtür, die zur Diele (Tenne) führte. Rechts und links dieser Tür waren Standuhr und ein großer Kleiderschrank. Über dem Herdfeuer war der Räucherboosen, daneben der Rauchboden, Aufbewahrungsraum für alle Sachen, die trocken und mäusesicher aufbewahrt werden mußten. Die Küchendecke war wie in allen Kübbungshäusern in der Mitte bedeutend höher als an den Seiten. Dieses mittlere Stück nannte man Wiemen. Im Wiemen wurden die fertig geräucherten Fleischwaren aufbewahrt, gelegentlich auch getrocknete Heilpflanzen und Sämereien.

Die Feuerstelle selbst hatte keine gemauerte Vertiefung sondern als Boden eine Gußplatte, ebenso als

Rückwand die Platte mit dem Niedersachsenroß. Das Brennholz wurde mittels der „Brandrohen“ vom Boden gehalten, damit das Feuer von unten Luft bekam. Rechts und links der Herdstelle sprang aus der Mauer eine Steinplatte etwa 25 cm vor, auf der Streichhölzer, Tabak, Lampe, Ölkännchen und das Salzgefäß abgestellt waren. Zum Herdgerät gehörten noch Püster und Füertangen.

Über dem Herdfeuer war der weit ausladende Hahlbaum mit dem leicht auf und ab zu drehenden Haupthahl und einem schwieriger zu verstellenden Nebenhahl. Am Nebenhahl hing fast immer der kupferne Teekessel, ganz selten nur ein Topf. Man konnte schwere Kessel und Töpfe so leicht bis an den grauten Dischk und den Eingang zur Waschkammer schwenken. Da auch alle Viehkessel auf dem Herdfeuer gekocht wurden, war das eine große Erleichterung.

Geheizt wurde mit „Buskenholt“, das reichlich auf den vielen Wallhekken wuchs. Die Wallhecken (Hiegeren) wurden in einem Turnus von genau 7 Jahren geschlagen. Da der Hof damals über 3 km Wallhecken hatte, blieb noch Holz zum Verkauf übrig. Allgemein war damals Brennholz recht knapp. Zum Pfannkuchenbakken gebrauchte man Splittern, gespaltenes gröberes Holz, das ein gleichmäßigeres Feuer ergab. Am Herdfeuer, dem kleinen Dischk gegenüber, stand der ungepolsterte Großvaterstuhl, der auch wohl einem plötzlichen Besucher angeboten wurde, da der Großvater auch noch als Achtzigjähriger tagsüber immer im Betrieb tätig war.

Die Kochtöpfe waren aus Gußeisen. Der Boden war halbkugelförmig abgerundet und hatte drei Füße, damit man sie stellen konnte. Oben war ein schmiedeeiserner Henkel zum Aufhängen am Hahl, ebenso war eine Randerweiterung vorhanden, in die der Deckel (Stölpen) paßte. Bei offenem Herdfeuer durfte der Dekkel ja mit seinem Rande nicht überstehen. Für Milchsuppen aller Art war ein bauchiger Topf aus Glockenmetall vorhanden, dessen oberer Rand stark verengt war. Da das dicke Metall auch nach dem Abziehen vom Feuer noch viel Hitze abgab, der obere verengte Rand sich auch entsprechend negativ auswirkte, kochte die Milch sehr oft über. An dem Topf mußte immer eine Wache stehen,

Abb. 25) Herdstelle. Hof Niemann, Birgte bei Riesenbeck, Kr. Tecklenburg.

und trotzdem passierte das Unglück fast täglich. Außerdem wurde der Diegel, eine Kupferkasserolle mit langem Griff und drei verhältnismäßig hohen Beinen von etwa drei Liter Inhalt zu rascher Bereitung von Suppen, Erwärmen der Kaffeemilch, Kochen von Eiern usw. verhältnismäßig viel benutzt. Man zog mit dem Püster glühende Holzkohle nach vorn, stellte den Diegel darauf. Pustete man nun gleichmäßig in die Kohlen, so kochte die Flüssigkeit im Diegel nach ganz kurzer Zeit.

Wecken und Morgenarbeit

Geweckt wurde im Sommer um 4.00 Uhr, im Winter um 4.30 Uhr vom Großvater, dem Altbauern, der Witwer war und den Hof schon an seinen Sohn, meinen Vater, übertragen hatte. Geweckt wurden zuerst die Mägde, dann die Knechte. Meine Eltern standen zu gleicher Zeit auf. Die noch nicht konfirmierten Hausgenossen (Kauheder und Kauwicht) wurden eine Stunde später geweckt.

Die Erstmagd zündete Feuer an und brachte den erforderlichen Kessel oder Topf auf den Herd. Gewöhnlich wurde zunächst ein Viehkessel gekocht. Dann wurde gemolken, während die Knechte die Pferde fütterten und anschließend ans Spinnwerk gingen, soweit dabei im Winter Arbeit vorhanden war. Sonst wurden Futter geholt, Werkzeug geschliffen und sonstige Vorbereitungsarbeiten gemacht. Im Sommer verrichtete man auch schon Außenarbeiten. Zwischendurch gab es auch Gelegenheit zum Waschen und Kämmen und zum Bettenmachen.

Erstes und zweites Frühstück

Das erste Frühstück gab es zwei Stunden nach dem Wecken. Pünktlichkeit war das oberste Gesetz des Hofes. De Klokken (Standuhr) war der unerbittlichste Tyrann des Hauses. Es gab abwechselnd Weißbrot oder

Abb. 26) Herdfeuer, „Staapel", des alten Hauses Terbrack-Venvertloh, Wasserkessel an verlängertem Sägehahl. Neben dem Feuer Rahmtopf. Fußboden „esterner Fluur", aus „Esterkes".Großemast bei Vreden, Kr. Ahaus. Aufn. von ca. 1915.

Abb. 27) Backen von Neujahrskuchen, „Eiserkuchen", am Herdfeuer. Bauerschaft Hollich bei Burgsteinfurt, Kr. Steinfurt. Um 1890

Knabbeln in Milch eingeweicht. Dazu kam reichlich Schwarzbrot auf den Tisch, das zusätzlich in die nicht sehr dünn gekochte Grützsuppe eingebrockt wurde. Sonntags gab es immer Buchweizengrütze. Überhaupt war am Sonntag das Essen fast noch einfacher als alltags, um Zeit und Arbeit zu sparen.

Zur Schlachtzeit gab es jeden Morgen Milch und Wurstebrotbrei. Wurstebrot wurde in größtmöglichen Mengen hergestellt und war als Essen sehr beliebt.

Zwischen Ostern und Pfingsten, also zur Zeit der Eierschwemme, gab es jeden Morgen „Röhrümmer", eine Art Rührei, unter Zusatz von viel Vollmilch und Mehl zubereitet. Einmal im Jahre, und zwar am Tage nach dem Kuhschlachten, gab es den sehr beliebten Fettsoppen, einen Brotbrei mit sehr viel Fettzusatz.

Gefrühstückt wurde gemeinschaftlich bei fester Tischordnung. Nur der Großvater aß für sich allein im Stübchen, da er nach Möglichkeit immer besondere Sachen zugewiesen bekam, was die Begehrlichkeit der übrigen Tischgenossen, besonders von uns Kindern, geweckt hätte. Gebetet wurde nur zu den drei Hauptmahlzeiten. Die Erstmagd, die 1875 schon als Halbwaise auf den Hof kam und dort ununterbrochen bis zu ihrem Tode im September 1914 verblieb, sprach die Gebete, die Ankündigung dazu gab der Knecht durch Klopfen mit dem Brotmesser. Es waren sechs verschiedene Gebete aus Starkes Gebetbuch. In das Mittagsgebet war auch das Vaterunser eingeflochten. Die Gebete nach dem Essen waren sehr lang, besonders abends. Wir Kinder suchten uns dann gern zu drücken, indem wir vorher den Tisch verließen.

Als zweites Frühstück gab es Milchkaffee mit Stuten, Schwarzbrot und Butter, oft auch Knabbeln, die in Kaffee eingeweicht wurden. Ab und zu kam auch Honig auf den Tisch, selten Sirup oder Apfelkraut. Man nahm aber nicht zweierlei Aufstrich auf die gleiche Schnitte. Es wurde die Stutenscheibe bestrichen und darauf eine ungefähr gleich große Schwarzbrotscheibe gelegt, die aber dann keinen Aufstrich bekam. Belag zum Frühstück fand erst ganz kurz vor dem ersten Weltkrieg Eingang. So ab 1905 bürgerte sich langsam ein, daß Schulkinder wohl belegte Brote als Frühstück mit zur Schule bekamen. Ich kann mich nicht entsinnen, vor 1902 je ein belegtes Frühstück bekommen zu haben, nicht einmal zu Kaisers Geburtstag.

Der Nachmittagskaffee unterschied sich in keiner Weise vom zwei-

Abb. 28) Herdstelle in Haus Coerde. Münster-Kinderhaus.

Abb. 29) Kesselhaken, „Hahl", von 1789. Heimatmuseum Emsdetten, Kr. Steinfurt.

Abb. 30) Feuerkorb für das Abdecken eines frei im Raum liegenden Herdfeuers. Hof Temminghoff, Bauerschaft Wennewick bei Vreden, Kr. Ahaus. Jetzt Hamaland-Museum Vreden.

Abb. 31) Herdgerät für Herdfeuer: Schüppe, „kalte Hand" und Zange, gearbeitet von Kunstschlosser Schneider in Coesfeld. Hof Schulze Hillert, Bauerschaft Stevede bei Coesfeld.

ten Frühstück. In jeder Woche wurde ein halbes Pfund Kaffeebohnen gekauft, die im Haus selbst geröstet wurden. Außer Zichorien kannte man keinen Zusatz, auch keinen Ersatz.

Mittagessen
Nach dem ersten Frühstück begann der geregelte Tageslauf. Die Arbeit richtete sich nach der Jahreszeit. Jegliches Kochen, ganz besonders jedoch der Mittagstopf war das Vorrecht der „regierenden Hausfrau". Es kam vor, daß junge Frauen jahrelang nicht einmal an einem Werktage an den Kochtopf kamen.

Das Mittagsessen bestand grundsätzlich nur aus einem Eintopfgericht, samstags gab es allerdings Begußkartoffeln. Doch wurde auch dann die Specktunke vor dem Auftragen über die Kartoffeln geschüttet. Dazu wurde dann im Sommer Salat, später auch Eingemachtes, Rabeten (rote Beete) und Gurken gegeben.

Der Mittagstopf kam schon bald nach dem ersten Frühstück auf das Feuer. Die Kartoffeln hatten am Abend vorher nach dem Abendessen noch Kauheder und Kauwicht zu schälen. Am Samstag taten das die Mägde, während dann beide das Schuhzeug für den Sonntag zu putzen hatten. Für die übrigen Zutaten sorgte die Hausfrau, wobei gelegentlich Hilfe von anderen gerade freien Haushaltsmitgliedern geleistet werden mußte. Punkt 11.00 Uhr kam der Topf vom Feuer. Er blieb so nahe bei dem Herd, daß er die erforderliche Wärme behielt. Das Essen mußte so früh fertig sein, da ja unvorhergesehene Fälle eine Vorverlegung der Mahlzeit erforderlich machen konnten. Sonst wurde regelmäßig ganz pünktlich um 11.30 Uhr gegessen. Auf den Tisch kam ein selbstgewebtes Gerstenkorntuch, das jeden Sonntag gewechselt wurde. Samstags wurde der Lindenholztisch mit „Schaffrüschken", einer Art sehr kieshaltigen Schachtelhalms, gescheuert. Gegessen wurde von großen flachen Zinntellern, die mitten auf dem Tische standen und von der Großmagd immer wieder aufgefüllt wurden. Jeder hatte aber vor sich ein Holzbrettchen, auf dem das zugeteilte Fleisch lag. Suppen wurden aus großen gemeinschaftlichen Tonnäpfchen mit Holzlöffeln gegessen. Dabei kam das Fleisch auch auf Holzbrettchen. Nach dem Essen kamen Näpfe mit Mager- oder Dickmilch auf den Tisch. Auf die Dickmilch wurde wohl Schwarzbrot gekrümelt. Zucker kam natürlich nicht darauf. Sonntags gab es Kaps oder Sauerkraut mit Mettwurst und geräucherter Schweinebacke. Dabei stand der Pfefferstreuer auf dem Tisch. An den ersten Feiertagen gab es Sauerkraut mit satt Fleisch!

Nach dem alljährlichen Kuhschlachten gab es an jedem Montag eine dicke Rindfleischsuppe mit reichlich Reis und Knabbeln, solange das Fleisch entsprechend frisch zu halten war, also bis in den Mai hinein. Man nahm den Montag zu diesem nach damaligen Begriffen geradezu fürstlichen Essen, weil das Kartoffelschälen für den Montag sich nie in die Hausordnung einfügen ließ und so Verdruß bereitete. Für das Gericht brauchte man keine Kartoffeln. Allgemein wurde dafür gesorgt, daß das Mittagessen einigermaßen abwechselungsreich war, mit Ausnahme der Dickebohnenzeit. Dann gab es oft wochenlang an jedem Alltag Dickebohnen, die suppenartig gekocht und auch mit dem Holzlöffel gegessen wurden. Dazu kamen die Bohnen abends in der Regel noch einmal kalt auf den Tisch. Es war das die Erntezeit, während der es nachmittags Pfannkuchen gab und abends infolgedessen ein anderes Gericht auf den Tisch kommen mußte.

In der Zeit zwischen der Frühjahrs- und Herbstkirmes (Ende April bis Ende August) gab es None, eine zwischen 1½ und 2 Stunden schwankende Mittagspause, während der auf dem Hofe Bettruhe herrschte, die recht unangenehm dadurch gestört wurde, daß während dieser Zeit die Schulkinder heimkehrten und ihr Recht haben mußten.

Abendessen
Als Abendessen gab es an allen Wochentagen Buchweizenpfannkuchen, der ganz selten mal durch Reibekuchen ersetzt wurde. Wenn am Samstag von den Begußkartoffeln was übrig blieb, wurde der Rest zerquetscht und daraus wohl „Kuortdrückselpannekauken" gebacken. Gebacken wurden nur zwei recht dicke Pfannkuchen, meist in selbstgezogenem Rüböl. Der Pfannkuchen wurde in Stücke geschnitten, die man in die Hand nahm. Da die Menge nicht zum völligen Sattessen ausreichte, aß man vorher gekochte warme Milch mit Schwarzbrot. Dann gab der Hausvater das Zeichen zum Angriff auf den Pfannkuchen. Nach dem Essen konnte jeder noch ein Appetithäppchen Schwarzbrot mit Butter nehmen. Das geschah wohl, um den Ölgeschmack zu beseitigen. Bei dieser Gelegenheit sah man nicht darauf, wenn die Butter reichlich dick gestrichen wurde. Milch und Milchsuppen wurden damals allgmein noch aus gedrechselten Holzlöffeln gegessen. Doch kamen allmählich schon aus Ton gebrannte Näpfchen auf. Schötteln und Näppkes faßten etwa einen Liter Flüssigkeit. Zinnlöffel und flache Steingutteller kamen erst nach der Jahrhundertwende langsam in Gebrauch.

Die Zeit des Abendessens schwankte je nach Jahreszeit zwischen 6.30 und 8.30 Uhr. Nach dem Essen erledigten alle Hausgenossen die noch notwendigen Pflichten, die der Betrieb erforderte (Spülen, Nachfütter, Futter vom Boden holen), dann sammelte sich alles am Herdfeuer oder in der Spinnstube. Die Mägde spannen, die Knechte setzten Kleidung in Ordnung, fertigten Harken und Besen an usw. Dabei wurde oft erzählt und auch wohl vom Vater Geschichten vorgelesen. Im Sommer dagegen saß man noch kurze Zeit vor der Haustür, wusch sich, ging auch wohl in den nahen Teichen zum Baden. Kurz nach 9 Uhr lag alles schon zu Bett.

Sonntag
Sonntag unterschied sich in Bezug auf Essen nur sehr wenig vom Alltag. Als einziger Luxus wurde wohl ein Birnenstuten gebacken, soweit die gedörrten Birnen reichten. Abends gab es nur aufgewärmtes Mittagessen nebst warmer Milch. Man wollte den Sonntag, soweit es irgendwie möglich war, von jeder Arbeit entlasten. Am Sonntag lag die Spinnstube still. Es wurde aber Feuer in der zweitbesten Stube angelegt. Dort saß alles nachmittags schon zusammen. Man vertrieb sich die Zeit mit Lesen und Unterhaltungsspielen. Dann las der Vater meist vor, Fortsetzungen von Geschichten aus dem Sonntagsblatt und sonstige Geschichten aus gekauften und geliehenen Büchern.[1]

Abb. 32) „Bei der häuslichen Arbeit": Runkeln (Futterrüben) zerschneiden, Hühner rupfen, buttern. Mennighüffen, Kr. Herford. Aufn. von 1908.

Abb. 33) Knecht und Magd mit den Pferden auf Hof Debbing. Tungerloh bei Gescher, Kr. Coesfeld. Aufn. von 1912.

Erinnerungen eines Knechtes

Ich war eine Zeitlang Knecht und bin vor dem ersten Weltkrieg und auch nach dieser Zeit viel mit Knechten (Acker- und Fuhrknechten) zusammengekommen. U.a. war ich auf dem Hof Gut Speith bei Oelde, 330 Morgen groß, isoliert und arrondiert gelegen, und auf dem Schulzenhof Eversum (früherer Schulzenhof) bei Olfen, 98 Morgen groß, in isolierter Bauerschaft (5 Gehöfte insgesamt) gelegen. Von diesen Höfen und ihrer Umgebung werde ich einiges aus eigener Erfahrung berichten können.

Namen

Wir Knechte und auch die Mägde wurde mit dem Vornamen gerufen und angesprochen. Der eigene Hausname war ausgeschaltet, und der Name des Bauern oder des Hofes wurde vor dem Vornamen genannt, wenn die Kötter oder Nachbarn von uns sprachen. Ich z.B. war schon jahrelang aus Eversum fort, und hieß dann, wenn ich mal zu Besuch kam, immer noch Potthinken Ernst. (Der Bauer hieß Potthink.) Unseren richtigen Hausnamen kannte man nicht, man gehörte eben zum Hof und zu seiner Familie.

Herkunft

Söhne von kleineren Höfen oder Köttersöhne gingen als Knechte auf die größeren Höfe. Sie waren mit und in ihrer Arbeit aufgewachsen, und der Wechsel von zu Hause auf einen Hof wurde nicht immer als Abhängigkeitsverhältnis empfunden. In vielen Fällen verbesserte man sich dabei. Es gab auch Stellen, wie z.B. bei Struckmann, wo man nach der größten Brotschnitte schielte und diese zu bekommen versuchte. Aber Knechte und Mägde hatte dieser Hof auch immer. Andere Beschäftigungsmöglichkeiten waren nicht oder kaum gegeben. Das galt auch für die Randgebiete der Industrie, denn diese war auch vor 50 Jahren noch nicht so aufnahmefähig, und Transportmittel gab es nicht. Ich weiß noch, daß Kötter und Köttersöhne zu Fuß eine Stunde und weiter zur Arbeit kamen. Sie bekamen bares Geld, aber der Kotten litt darunter, und die Frauen waren übermäßig belastet.

Soldatenzeit

Eine grundlegende Änderung des Lebens manchen Knechtes brachte früher oft die Soldatenzeit mit sich. Viele oder die meisten von denen, die für zwei oder drei Jahre nach Münster, Wesel, Hamm oder sonstwohin kamen, kamen zum ersten Mal mit einem Leben und mit Menschen zusammen, von denen sie bestenfalls einmal gehört hatten. Und weil sie in der Mehrheit meist intelligente Menschen waren, kamen bei ihnen Fähigkeiten und Überlegungen zu Tage, die in dieser Zeit Pläne reifen ließen für die Zeit nach der Militärdienst-

Abb. 34) Kaffeepause bei der Roggenernte. Umgebung von Lübbecke.

zeit. Längst nicht alle kehrten zu den Höfen zurück. Einige gingen zur Polizei, zur Post und zur Bahn, sehr viele von ihnen wurden Fuhrleute oder fingen selbst einen Fuhrbetrieb an.

Man muß sich das heute erst einmal klarmachen, daß einfach alles, was es gab, mit Pferden transportiert werden mußte und ein „Heer" von Fuhrleuten „auf der Straße lag."

Reisekorb, Kommode

Die Knechte hierzulande hatten vielfach einen verschließbaren „Kasten", ich möchte sagen einen Kleinkoffer, in dem sie ihre Sachen mitbrachten. Eberhard Borchert hatte einen blauleinenen Bezug, in den er seine Sachen packte. Meist gab es ja auch keine allzuweiten Transporte beim Stellenwechsel. Ich selbst hatte einen Reisekorb, der alles enthielt, was ich

Abb. 35) Schnitter, Binder und Binderin nach der Haferernte. Bauerschaft Müssingen bei Everswinkel, Kr. Warendorf. Um 1910.

nötig hatte. In Oelde z.B. wurde ich am Bahnhof mit meinem Korb mit Pferd und Wagen abgeholt und später auch so wieder hingebracht. Ein junges Mädchen, das auf diesen Hof kam, um die Küche zu erlernen (aus dem Teutoburger Wald oder der Mindener Gegend) brachte eine Kommode mit. Der Onkel Heinrich Potthink, der wiederholt von Elvert bei Lüdinghausen nach Eversum und zurück umzog, hatte einen richtigen oder „ein richtiges großes Koffer", in den oder „in das" er alles hineinpackte. Als ich nach Eversum ging, fuhr ich von Selm aus mit dem Postwagen (Pferdepost) nach Olfen, wo ich dann mit Pferd und Wagen abgeholt und auf die gleiche Weise später auch wieder weggebracht wurde.

Arbeiten

Früher mögen die Aufgabengebiete der Knechte (zumal auf großen Höfen) schärfer abgegrenzt gewesen sein, zu meiner Zeit war das nicht mehr. Die Arbeiten richteten sich nach den jeweiligen Erfordernissen. Die Wirtschaftsweise war ja auch eine ganz andere geworden. Daß ein Mann mit Erfahrung (Baumeister) ganz anders dastand als ein jüngerer (Piärjunge), ist selbstverständlich. Der eine konnte selbständig alle Arbeiten ausführen, der andere mußte doch noch dazulernen.

Heinrich Quante berichtete mir noch über den Hof Schulze Ehringhausen. „Auf diesem Hof waren an Leuten (Lüe), ein Baumeister (Baumester), ein Futterknecht (Faohknecht) und ein Pferdejunge (Piärjunge), dazu drei Mägde. Der Baumeister hatte eine besondere Stellung. Er putzte nur seine Pferde (sein Gespann) und kümmerte sich nicht um das Füttern und Tränken der Pferde. Bei der Ernte schnitt er die erste Sense (vor den anderen Knechten). Die Knechte schnitten nicht mit den Köttern zusammen, diese schnitten im Akkord (getrennt von den anderen Hofleuten). Der Baumeister lud beim Einfahren die Fuder ab, (damit das Einfahren zügig weiterging). Auf diesem Hof waren getrennte Tische für den Bauern und seine Leute, die Leute aßen in der Küche, der Bauer in der Stube. Zu den Mahlzeiten klappte der Baumeister den Tisch herunter und schnitt Schwarzbrot."

Die Stellung des Baumeisters wird

Abb. 36) Mädchen beim Melken. Hof Hätter, Herbern, Kr. Lüdinghausen. Aufnahme von 1938.

Abb. 37) „Husaren in der Dorfschmiede". Handschriftliche Eintragung „z. Zeit 5 Eskadron, Husaren-Regt. N8, Paderborn."

Abb. 38) Lohndrescher beim Dreschen auf einem Hof in Frille, Kr. Minden. Dreschmaschine hergestellt von der Firma B. Holthaus in Dinklage, Kr. Vechta.

Abb. 39) Bauernehepaar bei der Goldenen Hochzeit 1920 in der Abendmahlskleidung des Kirchspiels Hüllhorst, Kr. Lübbecke.

ähnlich der eines Verwalters unter Anleitung des Bauern gewesen sein. Auf großen Höfen mit einer Anzahl Leuten mußte auch schon jemand sein, der in allen Dingen erfahren war und auch Anweisungen geben konnte. Bei kleineren oder kleinen Höfen, wo alles übersichtlicher ist, läßt sich auch alles einfacher handhaben.

Knechte und Mägde sprachen durchweg von „use Bur" beim Bauern, und „use Frau" bei der Bäuerin. Wir duzten uns mit den Söhnen und Töchtern, auch mit den Nachbarn. In der Kleidung und im Essen war kein Unterschied.

Die Bäuerin sorgte mit, daß der Kirchgang eingehalten und zur Kommunion gegangen wurde. Als in Olfen (eine Stunde zu Fuß) 1922 „Mission" war, mußte ich auch zur Predigt für die jungen Männer, obschon ich evangelisch war. Es wäre einfach unmöglich gewesen, zu Hause zu bleiben. Man hätte keine gute Meinung mehr von mir gehabt.(2)

Abb. 40) Stube auf dem Hof Meier zu Ummeln, Bielefeld.

Die Stube

Ein Bericht aus dem Paderborner Land

Man ging durch die große Dielendür (Deelentür) auf die Deele. Dort lag an der linken Seite in der äußersten Ecke unsere Stuhrwe (Stube); sie war fast so lang wie breit und so hoch wie alle anderen Zimmer des Hauses. Bevor man durch die einzige Tür der Stube eintrat, mußte man erst den Süll (Schwelle) überschreiten. Diese Schwellen gibt es jetzt meist nicht mehr. Dafür kann aber auch der Zug ungehindert in den Raum kommen.

Fenster und Fußboden

Nach 1900 wurden die Zimmer (wohl durch behördliche Einwirkung) bedeutend höher gebaut, weshalb es auch nicht so leicht warm im Zimmer werden wollte. An einer Außenseite der Stube befanden sich zwei kleine Fenster mit kleinen Scheiwen (Scheiben). Ein Fensterkruise (Fensterkreuz) teilte jedes Fenster in einen kleineren oberen und einen größeren unteren Teil; jeder Teil hatte zwei Flüggel (Flügel), die durch einen Kneiwel (Knebel) geschlossen wurden. In jedem unteren Flügel waren drei, im oberen eine Scheibe. Abends wurden vor dem Fenster die Rouleaus heruntergezogen. Gardinen gab es in meiner Jugendzeit nicht; es kamen dann zuerst die Scheibengardinen auf und erst gegen 1900 lange Gardinen; gegen den Willen meines Vaters, der meinte, daß die Fenster zum Sehen da seien und daß man sie nicht durch solch neumodisches Zeug verdunkeln solle. Die Wände waren gekälkt. Der Kalkmilch hatte man etwas grüne oder gelbe Farbe zugesetzt, so daß die Wand ein wenig grün oder gelb getönt war. Später, gegen 1900, tapezierten wir die Wände, was ebenfalls meinem Vater nicht zusagte.

Der Fußboden bestand aus Holz. Er wurde samstags und vielleicht zweimal in der Woche mit schneeweißem Sand, den wir oben vom Eggeweg holten, bestreut. Zu allen Veierhauchteiden (vier Hauptfesten) wurde der Fußboden geschrubbt. Kurz vor dem ersten Weltkrieg hörte das allgemeine Streuen mit Sand auf, bei einigen Bauern dauerte es noch an, so bei Laakes, dem Hausmanne eines Bauern, der es erst um 1923 aufgab.

Heizung, Möbel

Geheizt wurde die Stube durch einen großen Kachelofen. Der lange nicht gestrichene oder polierte, lange, ek-

Abb. 41) Bauer Feldscher, Büschen bei Mennighüffen, Kr. Herford. Für die Aufnahme wurde im Tageslichtatelier des Fotografen Gottlieb Schäffer eine Stubenecke gestellt. Aufn. von 1905.

Abb. 42) Tisch und Bank in der Küchenecke eines Kottens in Bochum-Laer. Nur an hohen Feiertagen und bei Besuch wurde eine Decke aufgelegt. Aufn. von 1961.

Abb. 44) Schreibschrank aus der zweiten Hälfte des 18. Jahrhunderts. Eiche. Schräge Klappe mit zwei ausziehbaren Stützen. Stadtlohn, Kr. Ahaus.

Abb. 43) Sofa und Ausziehtisch aus Kirschholz. Um 1850. Aus der Stube eines Hofes in Dortmund-Lüttringhausen. Alter Hofbesitz.

kige Eschentisch, groß und schwer, ruhte auf vier einfachen Stohlen (Stahlen). Eine Decke gab es nicht auf ihm. Der Tisch mußte immer schneeweiß aussehen. Deshalb scheuerte man ihn samstags mit Sand und einem Strohwisch (eine Bürste kam zu teuer!). Frühstücksbrettchen kannte man nicht; es wurde auf der Tischplatte geschnitten. Nach dem Essen wurde der Tisch mit einem Spoildaug (Spültuch) gesäubert. In die Trecke (Schublade) des Tisches, die zweigeteilt war, legte man in das eine Fach Mässer (Messer), Gobel (Gabeln) und Lippels (Löffel), in das andere Flickzeug und dergleichen.

An der Wand hinter dem Tisch stand eine lange Eschenbank mit Lehne. Unter der aufklappbaren Sitzfläche, war eine Truhe, in der man Schulbücher, Strümpfe, Tücher, Nachtzeug und dergl. aufbewahrte.

Die Äschenstoile (Eschenstühle) hatten eine Lehne und einen Brettersitz. Der Sitzplatz für den Vater oder Opa war der Surgenstaul (Sorgenstuhl). Wenn die Mutter krank war, wurde ihr der Platz eingeräumt. Der Stuhl stand am Kachelofen und war aus Rohr geflochten. Die Lehne war so hoch, daß man bequem den Kopf anlehnen konnte. Der Sitz war mit einem Küssen (Kissen) belegt. Auf der Mitte der Armlehnen waren kleine Polster aus Zeug angebracht.

An einer Seite der Stube war das Schapp (der Schrank) gerückt. Im unteren Teil lag Wäsche, in den beiden Fächern des mittleren Teils Papiere und Schreibmaterial. Beide Fächer wurden durch eine Klappe geschlossen, die sich nach unten so klappen ließ, daß man sie als Unterlage zum Schreiben benutzen konnte. Im oberen Teil bewahrte man das Eßgeschirr, die Lebensmittel und die Pötte (Töpfe) auf.

Eine Kommode stand ebenfalls im Zimmer, gefüllt mit Wäsche. Auf der Kommode standen ein Kreuz, Kerzen, Standbilder von Heiligen, insbesondere von der Muttergottes. Bei anderen Bauern sah man statt der

Abb. 45) Stube des Hofes Geiecke, Heiminghausen bei Fredeburg, Kr. Meschede. (Holzvertäfelung der Stube siehe Abb. 51).

Abb. 46) Stube in einem Bauernhof in Wormberg bei Drolshagen, Kr. Olpe.

Abb. 47) Stube in einem Bauernhof in Endorf, Kr. Arnsberg. Aufn. aus den 30er Jahren.

Kommode nur ein Eckbrett, worauf die vorgenannten Geräte standen.

An der Wand hing die Wandauer (Wanduhr), eine Uhr mit Perpendikel, aufgezogen täglich durch zwei Gewichte, die an einer längeren Kette befestigt waren.

Gleich an der Tür in der Stube war das Wiggewaterpöttken (Weihwassertöpfchen) aufgehängt. Die Petroleumlampe, gefüllt mit Solaruhrlig (Petroleum), hatte ihren Platz bei Tage auf der Kommode. Von den Wänden grüßten Bilder von Familienangehörigen, Herzjesubild, ein Soldatenbild des Vaters, ein eingerahmter Brautkranz der Mutter und verschiedene Kommunionbilder.

Die Möbel, durchwegs aus Eschenholz hergestellt, fertigte der Dorfschreiner an. Der Mann verstand sein Handwerk. Das in seiner kleinen Werkstatt hergestellte Stück Möbel lud er dann zur Ablieferung auf eine Karre, die von seinem Gesellen oder Lehrling gezogen wurde. Stolz schritt der Meister hinterher; er nahm niedrige Preise und hätte lieber ein Stück, das nicht ganz gut geraten war, zerschlagen, als daß er es ablieferte. Bereits während des zweiten Weltkrieges, als der Schreiner bei der Wehrmacht war, kaufte man in Möbelgeschäften in Paderborn oder Kassel, was jetzt (1957) nur noch üblich ist bis auf einige Ausnahmen.

Benutzung der Stube

Die Wohnstube wurde im Winter täglich inbott (eingeheizt). Sie war der Aufenthaltsraum für alle Hausgenossen; denn die Küche, die mit Stei-

Abb. 48) Gerahmtes Erinnerungsbild an die Soldatenzeit von 1907 bis 1909. Gestickt auf Papierkanevas (Lochkarton). In der Mitte Foto des Reservisten Hindahl, Oeynhausen, Kr. Höxter.

Abb. 49) Gerahmte Familienfotos auf dem Flur im ersten Stock des Hofes Havesath, Coesfeld.

Abb. 50) Gerahmter Brautkranz von 1905 aus Nienberge bei Münster.

Abb. 51) Holzvertäflung mit Uhr und Einbauschränken in der Stube des Hofes Geiecke, Heiminghausen bei Fredeburg, Kr. Meschede (Stubenecke mit eingebautem Glasschrank vom gleichen Hof s. Abb. 45).

nen belegt war und worin auch der Bruggepott (Schweinetopf) stand und wo auch die Wäsche gehalten wurde, war zu unfreundlich und klein. Alle Mahlzeiten wurden im Sommer und Winter in der Stube eingenommen; im großen Kachelofen bereitete man im Winter den Koffei (Kaffee) und das Middag- und Owendihrten (Mittags- und Abendessen); sommerdags kochte man in der Küche.

Am Abend saß die ganze Familie in der Stube zusammen; es wurde erzählt und dabei allerlei Feierabendarbeiten gemacht: Gemüse geputzt, Körbe geflochten, Reiserbesen aus Weidenruten gemacht (zum Ausfegen der Stuben), gestrickt, gewebt und auch wohl dabei gesungen.

Gute Stube

Neben der gewöhnlichen Stube hatten wir auch eine gudde Stuhrwe (gute Stube), anderswo auch Veisaitenstuhrwe (Visitenstube) genannt. Bei uns hieß sie die Blae Stuhrwe (Blaue Stube) wegen der blauen Tapete darin. Sie lag an der rechten Seite der Deele, hinter der Küche. Hier sah man ein großes mit einer Lehne versehenes Sofa, ein Vertiko, worin besseres Porzellan, Gläser, Besteck und dergl. aufbewahrt wurden, Stühle mit aus Ried geflochtenem Sitz und einen Tisch mit einer bunten Decke. Wurde er zum Essen bei besonderen Gelegenheiten benutzt, so deckte man eine aus selbstgesponnenen Leinen hergestellte weiße Decke auf. Die gute Stube wurde wenig gebraucht; das geschah nur, wenn sogenannter besserer Besuch kam, z.B. der Geistliche, desgleichen bei Familienfeiern: Verlobung, Kindtaufe, Hochzeit, Erstkommunion. Hier in der guten Stube hatte auch der Christbaum seinen Platz.[3]

Abb. 52) Backen der Neujahrskuchen, „Eiserkuchen", am Herdfeuer. Umgebung von Burgsteinfurt. Um 1905.

Feuerstellen und Öfen

I. Ein Bericht aus dem Kreis Halle

Die ursprüngliche Feuerstelle in jedem Bauernhaus war der Herd. Die sog. „Herdstuie" befand sich am oberen Ende der Deele in der Mitte und angebaut an die Wand, die das dahinterliegende „Aechterkiermsel" von der Deele, bzw. dem sog. „Fleet" (hierorts „Unnerschlag" geheißen) trennte. Sie ist alten Leuten noch gut bekannt. Ursprünglich zog der Rauch unter dem Balken der Diele entlang, um aus dem Giebel hochoben über der „Nuinduir" ins Freie zu gelangen. Wer die Akten der Mindener Kriegs- und Domänenkammer durchblättert, wird immer wieder auf die Verordnungen der Regierung in der Zeit Friedrichs des Großen stoßen, durch die die Hausbesitzer angehalten werden, Kamine zu bauen. Um 1860 ist man den Verordnungen soweit nachgekommen, daß über der Herdstelle sich ein meist recht geräumiger Schornstein erhob, der nun auch zum Trocknen und Räuchern von Fleischwaren diente. Oft befand sich innerhalb der Herdstelle unmit-

Abb. 53) Kochherd, „Maschine", auf der alten Herdfeuerstelle. Das Kaminloch wurde mit Blechplatte verkleidet. Zwillbrock bei Vreden, Kr. Ahaus. Aufn. von 1965, abgebrannt 1970.

Abb. 54) Bauer Triphaus beim Strümpfestricken am Herd. Grafeld, Kr. Bersenbrück, 1956.

telbar neben der eigentlichen Feuerstelle an beiden Seiten noch eine Seitenbank, die vier Personen Platz bieten konnte. Hier saßen an den kalten Wintertagen wohl die Hausbewohner, flochten Körbe oder handwerkerten sonstwie.

Mit der Zeit kam das Bedürfnis auf, auch die Stube im Aechterkiermsel zu heizen. Der erste Schritt dazu geschah durch würfelförmige eiserne Öfen, die auf einem gemauerten Sokkel innerhalb der Stube standen. Sie wurden an die Mitte der Wand gestellt, die Fleet und Aechterkiermsel trennten und wurden vom Fleet aus geheizt. Die Außenwände des Würfels wurden durch quadratische gußeiserne Platten gebildet, die mit Ornamenten verziert waren. Dabei erwähne ich hier eine Erzählung, die mir ein 93jähriger, aus der Stadt Borgholzhausen stammender Mann berichtete. Ein dortiger Krieger von 1870 hatte sich aus dem Feldzuge eine Frau mitgebracht, die sich vorher vorsichtigerweise nach der Größe des Hofes in Borgholzhausen erkundigt hatte. Er hatte ihr geantwortet: „Ein Hof mit drei Pferden". Als sie sich nun in Borgholzhausen nach den ihr versprochenen drei Pferden umsah, führte er sie in die Stube und zeigte ihr seinen wundervollen Ofen, an dem auf drei Gußeisenplatten drei schöne Pferde zu sehen waren.

Abb. 55) Ofen. Teindeln bei Plettenberg-Ohle, Kr. Altena.

Abb. 56) Gußeiserner Ofen. Füchtdorf, Kr. Warendorf. Der Ofen war 1971 noch in Gebrauch.

Abb. 57) Kastenofen mit „drei Pferden". Ursprünglich von der Küche aus geheizt. Wohl nachträglich mit Tür und Ofenrohr versehen. Märkisches Museum Witten.

Auf der oberen Platte des Ofens wurde ohne Verwendung eines Backbleches unser bekannter Pickert gebacken, meist in der Form des hefelosen „Liarn Hinnerk“. Gelegentlich sah man auch Öfen, die in der Stubenseite ein Türchen hatten, durch die man Speisen zum Warmhalten schieben konnte. Geheizt wurden diese Öfen – wie gesagt – vom Fleet aus mit dicken Buchenscheiten. Die Ofenplatten wurden in hiesiger Gegend meist aus der Holter Eisenhütte bezogen. Vor den Feiertagen wurden die Platten mit „Schwärze“ blank geputzt.

Neben diesem Ofen stand meist der große „Liarn Staohl“ mit seiner Rückenlehne und den Ohrenbacken, in dem alte Leute gern ihre Mußestunden verbrachten. Solche sind auch hier und da anzutreffen.

Als diese Sorte Öfen nach 1870 als veraltet angesehen wurde, ging man über zu Kochöfen. Sie wurden fertig aus der Fabrik bezogen. Während jene Form von Stubenöfen meist keinen besonderen Schornstein verlangten, da der auch mittels eines Tonrohres in den alten über der Herdstelle befindlichen geleitet wurde, mußten jetzt meistens neue Schornsteine angelegt werden. Solche zweiten Schornsteine sind hierorts bereits um 1850 bekannt. Die Form dieser Kochöfen war hier so, daß in der zylinderförmigen unteren Hälfte die Feuerung vor sich ging. Darüber erhob sich in zwei Etagen der unten für das Kochen, oben für das Warmhalten bestimmte, breit sich erweiternde Teil. Auch hier zeigten die Ofentüren Bilder, etwa des Kaiserpaares oder Motive religiöser Art.(4)

Abb. 58) Kochherd aus Gußeisen. Zweite Hälfte 19. Jahrhundert. Dreipassige Form. Türen vorn und seitlich rechts. Vreden, Kr. Ahaus.

II. Ein Bericht aus dem Raum Arnsberg

Ofen der Wohnstube

Der Hauptaufenthaltsraum im kurkölnischen Sauerland war von jeher die Wohnstube, im Volksmund „Stuawe“ genannt. Hier stand statt des offenen Herdfeuers ein Ofen. Form und Gestalt dieser Öfen unterlagen im Laufe der Zeit vielen Veränderungen. Die ersten Öfen waren meist alle aus Gußeisen und entsprachen dem Beruf und Stand des Hauseigentümers. In den Häusern der Leineweber war im Erdgeschoß neben der Küche oft nur eine Stube vorhanden, in welcher Webstuhl und Spinnrad standen. In dieser Stube stand meistens ein runder, etwa 80 cm hoher, eiserner Gußofen. Derselbe hatte in seiner runden Abdeckplatte, nur eine mit einer Platte verschließbare Öffnung, auf der ein Topf zum Kochen des Kaffeewassers stand. Zur Ersparung von Brennmaterial ging man bald dazu über, statt des offenen Herdfeuers im Winter den Ofen in der Stube auch zum Kochen der Speisen zu gebrauchen. Die nun folgenden Öfen hatten zwar denselben Unterbau, jedoch statt der einen jetzt drei verschließbare Öffnungen zum Kochen der Hauptmahlzeiten. Der Ofen stand meistens in der Ecke der Stube. Geheizt wurde in der hiesigen waldreichen Gegend nur mit Holz. In den Stuben der Bauern und Kötter fand man einen anderen Ofen, den sogenannten „Kacheluawen“ vor. Dieser war ebenfalls aus Gußeisen und hatte bei niedrigem Bau, zwei, manchmal auch vier zweiflügelige Türen bei höherer Bauart. Öffnete man die beiden unteren Flügeltüren, so war über der Feuerung eine Platte mit zwei Öffnungen zum Kochen. War dieser Ofen in die Wand eingebaut, so konnte man die Feuerung nur von der Küche aus, die Kochtöpfe dagegen bei Öffnen der Türen von Küche und Stube aus bedienen. Im oberen Teil, falls ein solcher schon vorhanden war, wurden die Speisen warm gehalten. Auch diente derselbe zum Trocknen des Anmachholzes, oder im Spätherbst zum Dörren des Obstes. Die Wan-

Abb. 59 - 61) Skizzen von Wohnzimmeröfen zu AwVk, Ms. 5089 (Anton Kaiser)

dungen waren doppelt, so daß zwischen denselben Wärme und Rauch hochsteigen konnten ehe sie zum Rauchabzug ins Ofenrohr gelangten. Diese in die Wand eingebauten Öfen, hatten meistens keine Füße und standen mit ihrem Sockel auf der aus dickem Bruchsteinmauerwerk bestehenden Grundmauer des Kellers, auf der die aus Lehmfachwerk erbaute Stubenwand stand. Verschiedene dieser Öfen, ob sie nun in der Wand eingebaut oder frei in der Stube standen, hatten eine aus nur einem Stück bestehende Rückwand, so daß sie nur von einer Seite geöffnet werden konnten. Rückwand, Türen und Seitenwände, waren durch in das Eisen gegossene Bildwerke oder Blumen verziert. Der Ofen wurde vier- bis fünfmal im Jahr gereinigt und geputzt. Zu diesem Zweck konnte man die Herdplatte abheben. Der sich nun in den Hohlräumen der Seitenwände und im Hohlraum zwischen der Decke befindliche Ruß wurde mit einem kleinen eisernen Krätzer entfernt und konnte nun unten aus dem Ofen herausgeholt werden. Zum Reinigen waren deshalb oben im Ofen zu beiden Seiten kleine Klappen angebracht. Nach dem Reinigen wurde der Ofen wie ein Schuh geputzt. Zu diesem Zweck gab es in den Geschäften eine „Uawenwiske", auch „Ejserfarwe" genannt, zu kaufen. Diese wurde mit einer kleinen Bürste aufgetragen und der Ofen nach dem Eintrocknen der Farbe mit einer größeren Bürste blank geputzt. Auf diese Art und Weise wurden auch die Ofenrohre behandelt. Es geschah meistens Weihnachten, Ostern, Pfingsten und zum „Schüttengloog."

Ofen in der besten Stube

Einen Ofen in der besten Stube hatten nur Bauern, weil in den Häusern der kleineren Leute im Erdgeschoß nur eine Stube und Küche waren, da die Hälfte des Hauses als Stallung diente. Dieser Ofen in der besten Stube („gueren Stuawe") hatte eine runde oder viereckige Form. Von außen war er mit Emailleplatten verziert, welche oft sogar weiß waren und einen röhrenden Hirsch, einen balzenden Auerhahn oder auch öfters ein Blumenmuster zeigten. Über der Feuerung war oft eine durchlöcherte Türe, so daß man auch hier einen kleinen Topf oder Kessel zum Kochen bringen konnte. Den Abschluß bildete oben eine symmetrische, runde oder flache, vernickelte Kugelspitze. Das Ofenrohr führte zum Schornstein. Ich kann mich jedoch noch aus meiner Jugend erinnern, wie es bei uns in einem Kötterhause aussah. Der Schornstein begann erst über dem Erdgeschoß und war über dem offenen Herdfeuer nach unten hin offen, so daß der Schornsteinfeger von unten hineinklettern mußte. Das Ofenrohr vom Stubenofen ging durch die Stubendecke und mündete erst im ersten Stock in den Schornstein.

In diesem Schlafzimmer meiner Großeltern war an das Ofenrohr noch eine Vorrichtung, deren Name mir nicht bekannt ist, zur Erwärmung des Schlafzimmers im Winter angebracht. Der Rauch teilte sich hier in einen Heizkörper, der aus mehreren zusammengelöteten Ofenrohren bestand, um dann wieder in einem Rohr in den Schornstein zu münden.

Die Herkunft der Öfen

Die Öfen wurden durch ein Eisenwarengeschäft im Ort bezogen. Die meisten waren hergestellt von den Warsteiner Hüttenwerken. Verschiedene sollten auch von den Siegerländer Hüttenwerken hergestellt sein. Die Eisenwarengeschäfte bestellten dieselben nach einem Katalog. Sie führten auch das Aufstellen der Öfen aus und verrichteten außerdem die im Hause vorkommenden Schlosserarbeiten. Auf ihrem Lager standen nur ein bis zwei Öfen zur Ansicht.

Abb. 62) Küche im Minden-Ravensberger Raum, Aufn. von 1903.

Beim Ofen sitzen

Mit der plattdeutschen Redewendung „Ächterm Uawen sitten", war immer das sitzen neben dem Ofen gemeint, denn die Öfen standen meistens zu nahe an der Wand. Kam Besuch ins Haus, so wurde er immer höflich aufgefordert: „Settet uch bejn Uawen!" Einem Nachbarn oder guten Bekannten gegenüber hieß es auch schon mal: „Kriup bejn Uawen!" Neben dem Ofen stand gewöhnlich eine Ofenbank, „Uawenbank", welche meistens gleichzeitig als „Holtkasten" diente.[5]

Abb. 63) Stube mit Hinterladerofen (Kastenofen). Platten von der Hütte F.H. in Altenbeken mit Jahreszahl 1890. Gegossene Stütze. Aufn. aus den 30er Jahren.

Stühle und Bänke im Mindener Land

Meine Eltern waren ganz einfache Bauersleute. Infolgedessen war auch die Einrichtung und Ausstattung der Wohnräume ganz einfach und bescheiden.

Stühle
Die Stühle waren aus Eschen- oder Buchenholz hergestellt. Da aber das Eschenholz wegen seiner schönen Maserung das bessere war, gab es die Stühle später und auch heute noch aus Esche. Der Sitz war geflochten aus Schilf oder Binsen, welches hier in den nahen Wasserläufen der Ils und Gehle wuchs. Es wurde im Sommer geschnitten und getrocknet. In der arbeitsfreien Zeit im Winter flocht dann der Bauer selber die Stühle damit aus. Die Rückenlehne hatte drei Querriegel. Diese Stühle waren hier in jedem Hause, also in jeder Familie im Dorfe vorhanden und sind auch heute noch überall in Gebrauch. Sie werden allgemein Hiller Stühle genannt. In der Gemeinde Hille bei Minden wurde diese Art Stühle früher hergestellt. Ungefähr vom Jahre 1910 ab wurden die Sitze auch schon mit Rohr ausgeflochten, das man in Minden kaufen konnte. So sind dann mit der Zeit die Sitzflächen nur noch mit Rohr ausgeflochten worden, und so ist es auch heute noch.

Sorgenstuhl
Außerdem gab es noch dieselben Stühle mit einer Lehne oder noch in etwas größerer Form mit zwei Lehnen. Er unterschied sich von den anderen Sitzgelegenheiten durch sein würdiges Aussehen und war dem Großvater, oder falls dieser nicht mehr lebte, dem Hofbesitzer vorbehalten. Die Stühle mit einer und auch mit zwei Lehnen waren in jedem Hause vorhanden. Der Stuhl mit den zwei Lehnen stand in der Stube an einem besonders guten Platz in der Nähe des Ofens. Er wurde bei den Mahlzeiten nicht benutzt, sondern hatte vielmehr dort seinen Platz, von welchem er nicht fortgerückt wurde. Er wurde aber täglich benutzt. Man nannte ihn den Sorgenstaul. Wenn jemand zu Besuch kam, so wurde er gebeten, dort im großen Stuhl (wie er auch noch genannt wurde) als besonderes Entgegenkommen, Platz zu nehmen.

In unserem Haushalt ist in der Stube heute noch (1961) ein solcher Sorgenstaul mit zwei Lehnen vorhanden. Er ist aus Buchenholz gearbeitet und mit Ölfarbe hell gestrichen. Der Boden besteht noch aus Schilf. Diesen Stuhl hat mein Schwiegervater,

Abb. 64) Stuhl mit Brettsitz. Vorderbeine gedrechselt. Slg. Heimatmuseum Oestrich, Kr. Iserlohn.

Abb. 65) Tisch mit sechs Stühlen. Jugendstil. Privatbesitz. Vreden, Kr. Ahaus.

Abb. 66) Lehnstuhl am Herdfeuer. Vierpfostenstuhl mit Armlehnen und Binsensitz. Schulze Hillert, Bauerschaft Stevede bei Coesfeld.

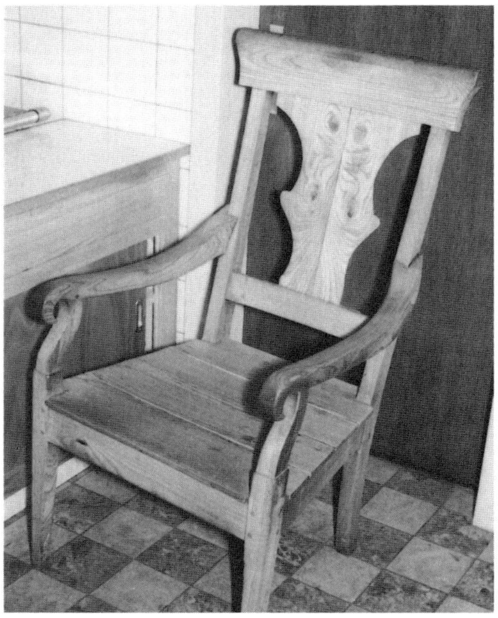

Abb. 67) Armstuhl

Abb. 68) Truhenbank. Hille, Kr. Minden. Museum für Deutsche Volkskunde, Berlin.

Abb. 69) Diele. Hof Stadtbäumer, Gelmer bei Münster. Aufn. von 1938.

der im Jahre 1906 geheiratet hat, von seinen Eltern im gebrauchten Zustande erhalten. Er stammt also aus der Aussteuer der Eltern meines Schwiegervaters, die im Jahre 1876 geheiratet haben.

Besondere Verzierungen gab es an diesen Stühlen nicht, sie waren vielmehr schlicht und einfach, wie alle anderen, die hier gebräuchlich waren. Andere Arten von Stühle, wie Spinnstühle usw. gab es hier nicht.

Schemel

Es sind hier wohl noch Schemel oder Striffen bekannt. Sie hatten vier Beine, während ein Melkschemel nur drei Beine hat. Die Beine sind bei beiden Arten von unten in den Sitz eingefügt. Diese Schemel fand man aber nur ganz vereinzelt zum Gebrauch in den Küchen. Sie wurden benutzt beim Schälen der Kartoffeln und sonstigen Arbeiten. Beim Essen fanden sie keine Verwendung. Sie waren viereckig gearbeitet und waren um die Hälfte niedriger als Stühle.

Bänke

In den Küchen war auch eine Bank vorhanden. Sie stand an der Wand hinter dem Tisch. Hier hatten die Kinder, auch Knechte oder erwachsene Söhne beim Essen ihren Platz, während die Frauen und Mädchen sowie der Hausherr Stühle benutzten. Die Bank war meist braun gestrichen, war aber ohne Arm- und Rükkenlehne. Der Sitz lag auf zwei Stützen aus einem Brett, welches von unten in das Sitzbrett eingelassen war. Ihre Länge war immer dem vorhandenen Raume angepaßt. Besondere Kästen unter dem Sitz waren nicht vorhanden.

Sitztruhen

Es sind hier auch verschiedentlich noch alte Sitztruhen vorhanden. Sie werden als „Siele“ bezeichnet. In irgend einem Raume abgestellt werden sie heute kaum noch benutzt. Sie stammen oft aus der Zeit von 1800-1850. Manche werden auch noch älter sein. Sie sind aus Eschenholz gearbeitet.

Sofa

Um 1880 herum wurden die ersten Sofas angeschafft. Sie hatten ihren Platz in der besten Stube und gehörten bei großen Bauern mit in die Aussteuer. Später fanden sie auch bei kleineren Landwirten und Arbeitern Eingang. Sie waren meist mit Wachstuch bezogen.[6]

Abb. 70) Eßecke im Museumshof Rhaden, Kr. Lübbecke.

Beleuchtung vor dem ersten Weltkrieg

Ein Bericht aus dem südlichen Münsterland

Öllampen
Meine Eltern berichteten aus ihrer Jugend, daß es Öllampen in verschiedener Form gab, bei denen das Licht von einer freibrennenden Flamme kam, die am oberen Ende eines Dochtes, der in einem Ölbehälter endete, brannte. Früher lag eine hochfüßige Öllampe hier auf dem Hausboden im Koffer, sie war aus Zinn gefertigt, im Kriege wurde sie dann in die Metallsammlung gegeben. In diesen Lampen brannte sogenanntes „gereinigtes Öl".

Ein Bruder meines Vaters erzählte mir, daß er in seinen jungen Jahren auf seinen Fahrten einen Kienspan als Beleuchtung sah, da das Feuer allein als Beleuchtung nicht hell genug war.

Petroleumlampen
Meine Eltern sahen die Einführung und den Gebrauch von Petroleumlampen als eine große Errungenschaft an, da sie bedeutend helleres Licht abgaben als die früheren Öllampen.

Die Lampen, für die als Brennstoff Petroleum gebraucht wurde, gab es in verschiedenen Formen und Größen. Sie hatten durchweg einen Glasbehälter für das Petroleum; in das Einfülloch war ein Gewinde eingesetzt, in das der Brenner, aus Messing gefertigt, eingeschraubt wurde. Ein flacher Docht war in die Rundung des Brenners so eingezogen, daß er unten im Petroleum hing und an der Brenneroberkante nur eben aus dem Brenner hervorragte. Der Docht konnte durch ein Rädchen mit Stift und Knopf auf und ab bewegt werden. Der Brenner hatte einen Haltekranz für den Lampenzylinder. Der Zylinder hatte an dem Ende, mit dem er in den Haltering des Brenners gesteckt wurde, ein kurzes Stück einen größeren Durchmesser als am oberen langen Ende. Bei großen Zylindern war die Erweiterung oft bauchig erweitert. Dadurch wurde die Leuchtwirkung erhöht.

Sehr zahlreich waren die „Küchenlampen" in Gebrauch. Diese Lampen hatten keine Kuppeln mit Lam-

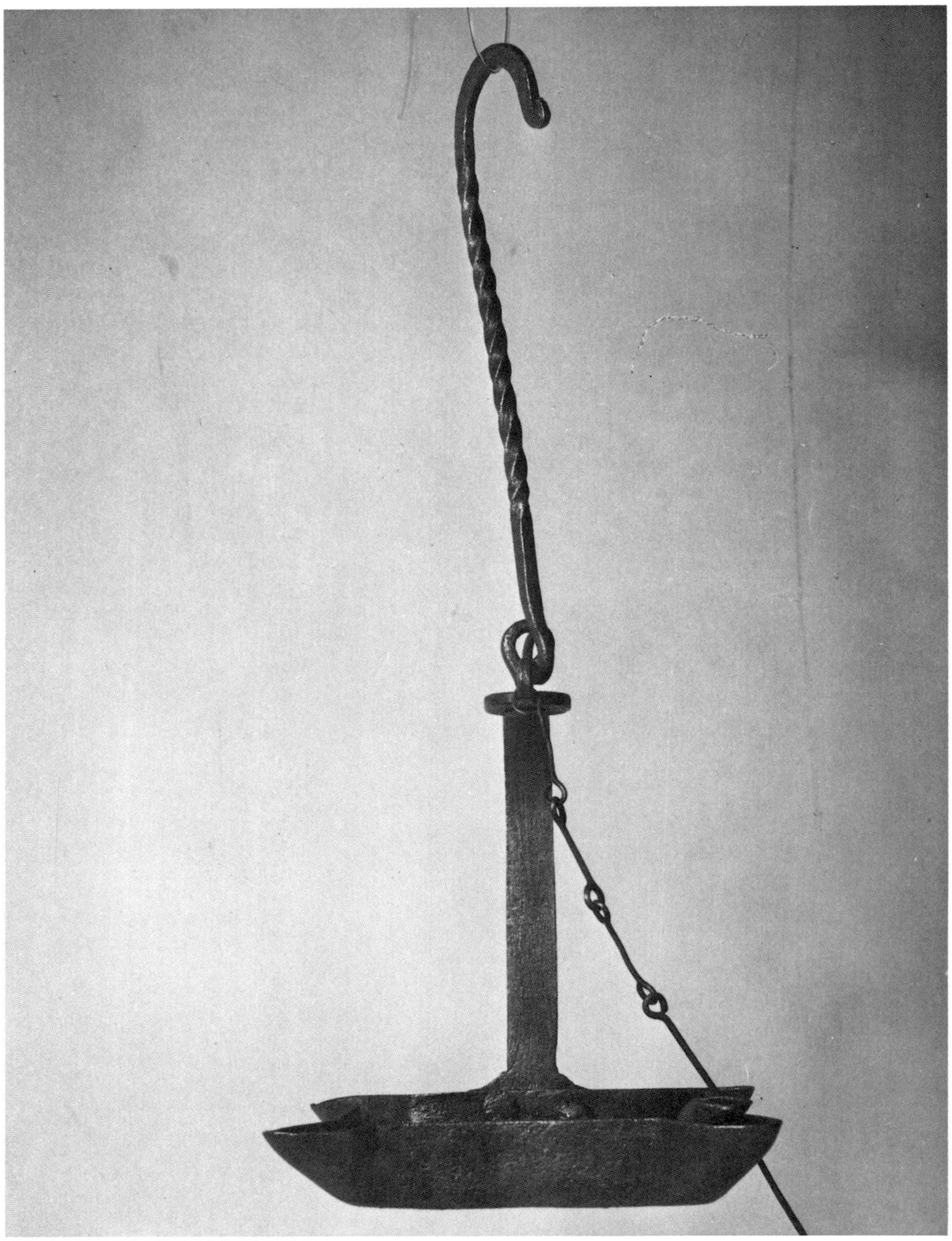

Abb. 71) Öllämpchen. Landesmuseum für Kunst und Kulturgeschichte, Münster.

Abb. 72) Fidibushalter. Holz mit aufgemalten Blumen. Altrhede, Kr. Borken.

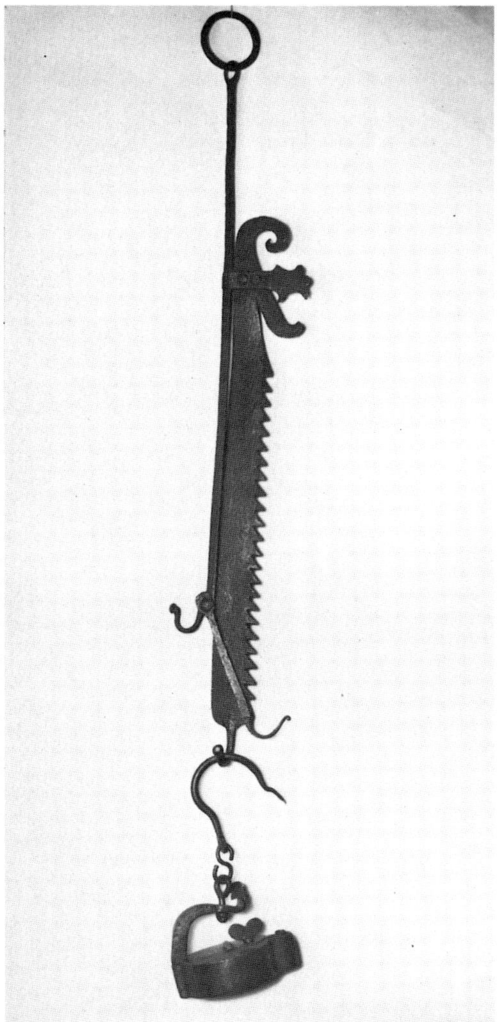

Abb. 73) Lampenhahl mit anhängendem Öllämpchen. Heimatmuseum Melle.

Abb. 74) Petroleumlampe aus Vreden. Jetzt Hamaland-Museum Vreden.

Abb. 75) Petroleumlampe. Messing. Slg. Heimatmuseum Oesterich, Kr. Iserlohn.

Abb. 76) Sturmlaterne. Hinten langer Metallhaken zum Einhängen. Slg. Heimatmuseum Oesterich, Kr. Iserlohn.

penschirmen, die das Licht ganz umschlossen. Sie hatten eine Aufhängevorrichtung, die rechtwinkelig zum Boden des Petroleumbehälters auf diesen lose aufgesteckt oder fest mit ihm verbunden war. An der Aufhängevorrichtung war ein, meist runder Schild oder Schirm, oft auch mit einem Spiegel versehen, der die Helligkeit in den Raum werfen sollte. Diese Lampen waren gut zu hantieren. Sie wurden gern bei Küchenarbeiten benutzt, da man sie zwischen Feuer und Tisch oder Herd und Tisch leicht hin- und herstellen konnte, man konnte sie auch an einen Nagel in der Wand aufhängen.

Eine andere Art von Leuchten, für die als Brennstoff Petroleum gebraucht wurde, waren die Laternen, die als Wagen- oder sogenannte Sturmlaternen oder Stallaternen in Gebrauch waren. Sie waren bis auf das Glas ganz aus verzinktem Blech gearbeitet. Bei ihnen ist auf dem Petroleumbehälter ein Aufbau, der Brenner, Laternenglas, den dazu gehörigen Korb und den Handgriff oder Handbügel trägt. Das Laternenglas ist ein weitbauchiges Glas, das hier anstelle des Zylinders die Flamme schützt. Zum Schutz gegen das Zerbrechen des empfindlichen Glases ist dieses mit einem Schutzkorb aus Draht umgeben. Der Docht ist flach und schmal und brennt in einem Schlitz des Brenners in freier Flamme.

Kerzen

Bis zu meinem vierzehnten Lebensjahr hatten wir Kerzen und Petroleumlampen, dann gab es elektrisches Licht. Mit Kerzenlicht gingen wir zu Bett und standen des Morgens auf. Wir hatten emaillierte Kerzenleuchter mit Rand, auf den man die Streichholzschachtel legen konnte. Der Geruch des nachschwelenden Dochtes nach dem Auslöschen der Kerze gehört mit zu meinen frühesten Erinnerungen. Kerzen kaufte man in Kolonialwarengeschäften. Wir holten Wagenkerzen, da wir auch immer welche benötigten für die Kutschwagenlaternen. Diese Laternen wurden einzeln oder zu zweien an Kutschwagen, Dogkarts, Gigs oder ähnlichen Fahrzeugen gebraucht.

Kauf des Petroleums

Im Winterhalbjahr gehörte das Lampenputzen und Petroleumauffüllen zu den täglichen Arbeiten. Von Oktober bis März wurden jeden Tag drei Liter Petroleum benötigt. Der Liter kostete um 17 Pfennig. Ich besinne mich noch darauf, wie entrüstet mein Vater war, daß pro Tag rund eine halbe Mark für Beleuchtung ausgegeben werden mußte. Mit diesem Petroleum wurden wenigstens zwei Kuppelstehlampen, drei Kuppelhängelampen, eine Küchenlampe und eine oder zwei Laternen (Stall oder Sturmlaternen) versorgt. Das Petroleum wurde in einem Kolonialwarenladen geholt. Der Petroleumverkauf gehörte bei diesen Geschäften zum allgemeinen Warenverkehr. Hier in Lünen wurde es in pferdebespannten Kesselwagen (Tankwagen) von ca. 1.000 Litern Inhalt von Dortmund aus zu den Geschäften geliefert. Ein stehender Ausdruck war hier für Kinder, die zum Einkaufen geschickt wurden: „Ne Kanne Sur, un en Liter Stäinuolig" (Eine Kanne Essig und ein Liter Petroleum). Es gab auch Geschäfte, wo das Petroleum in Fässern angeliefert wurde. Oft lag das Faß im Hof und jede Kanne wurde im Hof abgefüllt, damit der Laden nicht nach Petroleum roch. Es ist mir immer ein Rätsel geblieben, warum mein Vater kein Faß Petroleum kaufte, solch ein vorsorglicher Kauf hätte seinen sonstigen Veranlagungen durchaus entsprochen.

Auf den Höfen des Münsterlandes zog sich die Versorgung mit elektrischem Strom noch längere Jahre hin. Es gab nicht viele Lampen in den Häusern, man kam zumeist mit einer Küchen- und mit einer Stehlampe aus. Oft saß man abends am Herdfeuer ohne jedes Licht, ohne Lampe. Zu Bett ging man auch oft im Dunkeln, höchstens mit einer Kerze. Wenn die Knechtkammer auf der Deele lag, nahm man dorthin die Stallaterne mit. Die Stehlampe bzw. die Kuppellampe wurde fast nur für die Wohnstube gebraucht, oft hing dort auch die Küchenlampe an der Wand als Beleuchtung.

Abb. 77) Sturmlaterne aus Blech. Slg. Heimatmuseum Oesterich, Kr. Iserlohn.

Abb. 78) Laterne. Stellmacherei Rodehege, Wadersloh, Kr. Lippstadt.

Abb. 79) Kerzenleuchter aus Messing, Privatbesitz.

Abb. 80) Gießform für Kerzen. Heimatmuseum Menden.

Küchenlampe

Die Küchenlampe hatte auch oft die Aufgabe, zugleich in der Küche und auf der Deele zu leuchten, namentlich beim abendlichen Abfüttern. Sie wurde in das „Lampenschapp" oder „Lampenschuott" gestellt. Das war eine eingefaßte Öffnung in der Mauer oberhalb der Tür von der Deele zur Küche mit einer Glasscheibe an jeder Seite, von denen diejenige zur Küche zum Öffnen war. Da man die zu verrichtenden Arbeiten im Gefühl hatte, diente die Lampe im Lampenschapp mehr als Richtlicht. Es war erstaunlich, wieviele verschiedene Tätigkeiten beim Schein einer Küchenlampe zugleich ausgeführt werden konnten, z.B. Vorbereitungen für das Abendbrot am Herd, Tischdecken, Kinder fürs Bett fertig machen, Geschirrspülen oder auch Zeitungslesen oder ähnliches.

Laterne

Die Küchenlampe wurde an Wichtigkeit von der Laterne fast übertroffen. Man konnte mit der Lampe ziemlich gefahrlos in alle Ställe gehen, man durfte die Laterne natürlich nicht ins Stroh legen. Zur Sicherheit hatte man an geeigneten Stellen Nägel eingeschlagen, oder Astgabeln angenagelt, um daran die Laterne aufhängen zu können. Eine besondere Vorrichtung zum Aufhängen der Laterne war das „Lampenhaohl" oder „Löchtenhòahl" auf der Deele. In ca. zwei Meter Höhe war ein schwenkbarer, hölzerner Arm, ca. 1,50 m lang, angebracht, an den die Laterne gehängt werden konnte, das war die beste Lösung der Deelenbeleuchtung. Die Laterne hing dann ungefähr in Deelenmitte, Pferde- und Kuhtröge waren zu übersehen, und man konnte das „Hoahl" so schwenken, daß noch etwas Licht zwischen die Kühe fiel, so daß man melken konnte. Die meisten Kühe standen an den kurzen Tagen sowieso trocken.(7)

Fußböden in einem großen Bauernhof am Hellweg

Abb. 82) *Küchenfußboden aus Sandsteinplatten. Hof Vogtsmeier, Druffel bei Neuenkirchen, Kr. Wiedenbrück.*

Holzfußboden
In dem Wohnhaus meines elterlichen Hauses, dem Brauck, gab es in den bewohnbaren Stuben und Schlafkammern sowie den Nebengelassen nur den Holzfußboden, der meinem Erinnern nach aus Tannenholz bestand, welcher mit heißem Leinöl gestrichen war, was man nach geraumer Zeit wiederholte. Nur dort, wo in den besten Stuben Teppiche lagen, war ringsrum der Fußboden glänzend braun gestrichen.

Steinplatten
Die große Hausdeele, die Küche, die Räume in den Nebengebäuden, wie beispielsweise die Backstube und Käserei im Speicher, hatten alle Steinfußböden, die aus quadratischen Platten bestanden. Ebenso war der Weg vom Wohnhaus zum Speicher mit diesen Platten belegt („Stenpad"). Die Herkunft dieser Steinplatten ist mir nicht bekannt. Vermutlich stammen sie aus einem Steinbruch in Büderich bei Werl, wo sie fix und fertig behauen wurden. Sie können aber auch von Westhofen bei Schwerte herstammen, dessen großer Steinbruch in der ganzen Gegend bestens bekannt ist.

Abb. 81) *Deelenfußboden aus Steinplatten, gelegt um 1890. Hof Schonefeld, Vellern, Kr. Beckum. (Fußboden des Herdraumes aus den gleichen Platten, aber schon 1851 gelegt).*

„Stenbeschuott"
In dem um das Jahr 1850 abgebrannten Wohngebäude soll sich nach Angaben meiner Angehörigen auf der damaligen Hausdeele sogenannter „Stenbeschuott" befunden haben. Das waren mit der Schmalseite hochgestellte dunkelgraue Steine, die angeblich aus einer Kiesgrube zwischen Hemmerde und Büderich bei Werl stammten. Von einem besonderen Muster hat man mir nichts erzählt. Angeblich hat man die Steinchen mosaikartig nebeneinander gestellt und mit angefeuchtetem Lehm oder Kalkmergel fest verkittet.

Lehmfußboden
Wesentlich anders sah die Hausdeele des Gutes Horst bei Flierich aus. Das Wohngebäude dieses Hofes war älter als das unsrige und stammte wahrscheinlich aus dem 18. Jahrhundert. Hier gab es auf der Deele und in den Scheunentennen nur Lehmfußboden, der so meisterhaft zubereitet und verarbeitet sein mußte, daß selbst ein vollbeladener schwerer Erntewagen keine Spur hinterließ. Auf der Hausdeele fand auch noch bis etwa 1890 das Dreschen des Getreides mit dem Flegel statt. Nach Angaben des damaligen Besitzers, dessen Hof eine dreiviertel Wegstunde von meinem elterlichen Hofe entfernt lag, sind die Wohnstuben usw. um 1890 modernisiert worden und haben statt Lehmfußboden oder

Abb. 83) Deele eines Bauernhauses in der Senne. Um 1930.

Steinfußboden Beschuott aus Tannenbrettern erhalten. Man hat sich damals nicht die Mühe gegeben, den alten Fußboden aufzureißen und beiseite zu schaffen, um die Holzbalken, welche die Fußbodenbretter tragen sollten, tiefer zu legen, sondern hat sie auf die harte Lehmunterlage gelegt. Dies war schon allein dadurch festzustellen, daß man von der Deele aus über eine Stufe gehen mußte, wenn man in die Küche gelangen wollte, wo dicke Steinplatten lagen.

Reinigung

Es war übrigens eine auch bei uns gültige Bauernregel, daß das Feuchtwerden des Steinfußbodens nahendes Regenwetter ankündigte. Die Steinplatten der Hausdeele wurden nur bei besonderen Anlässen, wie z.B. an hohen Feiertagen, geschrubbt, die Küche dagegen jeden Mittag nach dem Abräumen und Spülen des Geschirrs. An Tagen, wo die Hausdeele nicht durch Erntewagen oder geerntete Kartoffeln usw. in Anspruch genommen wurde, hatte eine der Mägde, die wochenweise wechselten, die Deele mit einem Reiserbesen oder Birkenreisig zu kehren. Ihr oblag auch die Säuberung der Küche.

Als besten Schutz gegen die Verschmutzung der Steinfußböden, wie dies ja bei Regenwetter kaum vermeidbar war, hatte man in den Vorschöpseln bzw. an den Vorplätzen zu anderen mit Steinen belegten Räumen überall Reiserbesen hingestellt, und es war ein ungeschriebenes Gesetz auf meinem elterlichen Hof, daß jeder, der vom Felde kam oder sonstwie verschmutztes Schuhzeug hatte, sie zu benutzen hatte, wenn er sich nicht das Wohlwollen der Hausfrau verscherzen wollte. Zusätzlich lagen noch Strohwische und Sacklappen bereit, und wer die Säuberung ganz gewissenhaft nahm, der tauchte den Besen zuvor in einen der niedrigen Wasserbehälter, die nebenan standen und als Tränken für die Hühner dienten und putzte dann sein Schuhzeug mit den Sacklappen trocken.

Das Sandstreuen kam in meiner Jugendzeit aus der Mode. Sehr wahrscheinlich deshalb, weil zuviel von dem Sand in die Stuben geschleppt wurde und man das ewige Knirschen unter den Schuhsohlen satt hatte. Ich weiß allerdings noch, daß alle paar Monate ein Händler mit Silbersand auf unseren Hof kam, um ein Quantum davon zu verkaufen. In einigen Häusern im Dorf Lenningsen streute man damals noch den weißen Sand auf die Tische aus Ahorn- oder Lindenholz sowie auf den Herd, jedoch nur an den Sonntagen. Wo man ihn noch auf den Fußboden zerstreute, wurde er durch einen neuen Reiserbesen gleichmäßig verteilt. Besonders hübsche Muster sind mir dabei nicht in Erinnerung.[8]

Abb. 84) Deelenbelag aus „Esterkes", hochkant verlegt. „Esterkes" sind Stadtlohner Riemchen in den Farben gelb, rötlich, bläulich. Maße 10 x 3,5 x 2,5 cm. Auf dieser Deele sind sie nicht längs, wie in alten Küchen (vgl. Abb. 94), sondern hochkant verlegt, damit der Belag dicker und widerstandsfähiger wird. Hof Temminghoff, Wennewick bei Vreden.

Abb. 86) Küchenfußboden von 1828 aus kleinen Rheinkieseln. Hof Kippling, Nordbrock bei Dingden, Kr. Borken.

Abb. 85) Küchenfußboden von 1774 aus kleinen Rheinkieseln. Hof Tinnefeld, Krechting, Kr. Borken.

Abb. 87 u. 88) Küchenfußboden von 1834 aus kleinen Rheinkieseln. Hof Bovenkerk, Mussum, Kr. Borken.

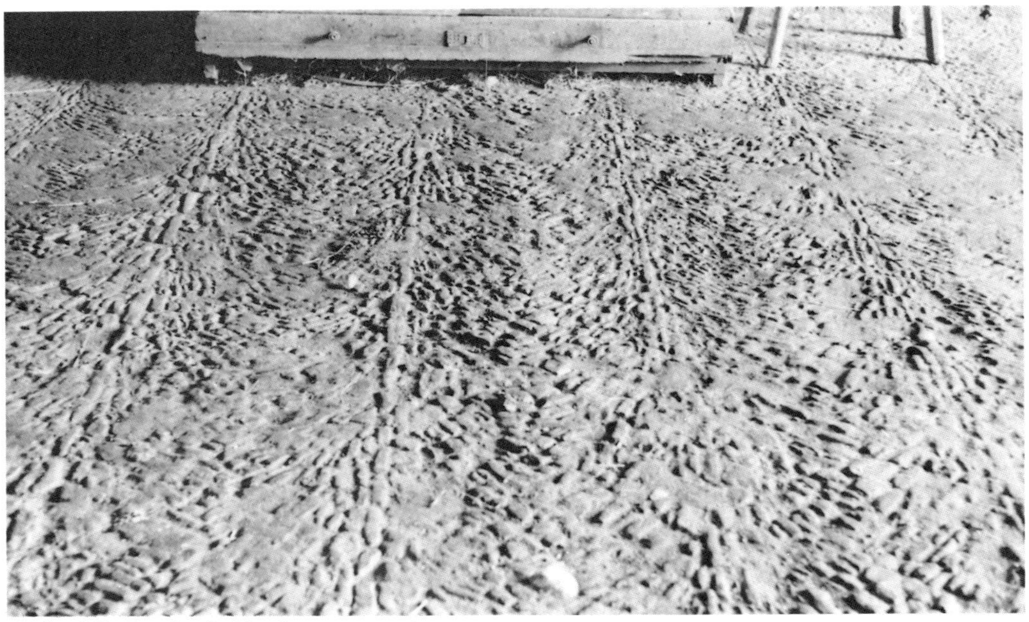

Abb. 89) Deelenfußboden aus Picksteinen (Eisensteinen) in einem Haus von 1803. Hof Schulte-Tockhaus.

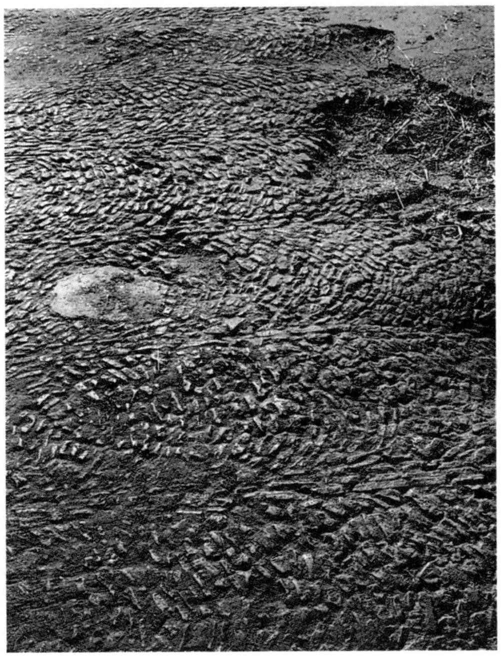

Abb. 91) Scheunenfußboden aus Picksteinen (Eisensteinen). Hof Bockwinkel, Stadtlohn-Wessendorf, Kr. Ahaus.

Abb. 90) Fußbodenrest aus dem 19. Jahrhundert. „Kannenschören" oder „Kannenschrott" (= Randscherben von Vredener Setten und Rahmtöpfen, vermischt mit Stapelhilfen und Töpfereiabfällen) in Lehm gedrückt. Tenostendarp, Vreden , Kr. Ahaus.

Fußböden in Bauernhöfen des westlichen Münsterlandes

„Kalkdäle"

In Wüllen hatte man früher „Kalkdälen". Vereinzelt sieht man sie noch heute (1955), so auf dem Hofe Winkelhaus-Latker in Ortwick bei Wüllen. Für Wüllen ist das bezeichnend. Durch den Wüllener Esch zieht sich, von Südlohn-Stadtlohn herkommend, der Kalkrücken aus der Tertiärzeit. Hier in der Gegend finden sich seit alters her die Kalkgruben, die auch heute noch im Graeser Esch – zu Wessum gehörig – zu finden sind. Eben diese Kalkgruben lieferten den Stoff für die Kalkdälen. Jedermann holte sich das Material, wie er es brauchte. Bezahlt oder gefragt wurde nicht, es gab genug davon. Was einer benötigte, holte er sich, breitete es auf der Tenne regelmäßig aus und goß Wassermassen darauf, damit der rohe oder grüne Kalk, wie der frischgebrochene auch genannt wird, durch und durch naß wurde. War er genügend aufgeweicht, so halfen güsde Tiere nach, d.h. Bullen oder Sterken oder Kühe, die trocken standen, also keine Milch gaben. Diese Tiere wurden solange in der Masse herumgeführt, bis sie völlig schlammig war. Der Pfiffikus wußte sich auch weiterhin selbst zu helfen. Andernfalls wurde ein Maurer als Fachmann hinzugezogen, der mit eiserner Harke die Fläche behandelte, damit sie fein glatt wurde. Nach der Mitte hin mußte eine kaum merkli-

Abb. 92) Küche mit Blick zur Tischecke. Saerbeck um 1930.

Abb. 93) Küche mit eingebautem Stübchen von 1868. Kerkmann, Dolberg, Kr. Beckum.

che Rundung vorhanden sein, damit, wenn einmal ein Eimer Wasser umkippte, die Masse nach den Ställen hin ablaufen konnte.

Nach Ablauf von 14 Tagen war die Fläche so glatt, daß man mit dem Flegel darauf dreschen konnte.

Nach Jahren verschliß sich die Däle. Es zeigten sich Löcher, Unebenheiten. Diese wurden dann geflickt. Über die ausgebesserten Stellen legte man vorsorglich Bretter als Schutz. Die Kalkdälen legte man nicht nur auf der Tenne an, sondern auch in den Schlafkammern.

Kieselpflaster
Die Küche hingegen zeigte einst Kieselpflaster, kleine Kieselinge, wie sie früher im Heidefeld aufgelesen wurden. Die Kiesel wurden gemustert ausgelegt, als Karos, oder es liefen auch Strahlen von einem Zentrum her an die Ränder. Diese Kieselmuster finden sich heute noch vielfach auf öffentlichen Plätzen unserer Dörfer.

Die Wahl des Materials richtet sich ganz nach den örtlichen Verhältnissen. Während in der Wüllener Gegend der Kalk angewandt wurde, kam anderwärts Lehm in Gebrauch. So in Epe. Ich entsinne mich, daß wir ganz früh auf der Tenne eine Lehmdiele hatten. Als dann um die Jahrhundertwende das Haus verlängert wurde, erhielt der neue Tennenteil eine Backsteinpflasterung. Die Steine kamen von dem Gehrmannschen Ringofen aus Gronau. Sie waren klinkerartig fest, so daß die Pferde darüber gehen konnten, ohne Spuren zurückzulassen. Die Anlage einer Lehmdiele dürfte in derselben Art erfolgt sein wie die Kalkdiele. Mit der Zeit wurden sie sehr unbequem. Ich weiß gut, daß unser Nachbar Klümper – es war ein Kotten mit zwei Kühen – eine lehmgestampfte Küche hatte. Sie sah schwarz und sehr unfreundlich aus. Man konnte die Lehmflur eben nur ausfegen. Das war alles.

Tonplatten
An meinem Elternhaus hatten wir zu meiner Kinderzeit in den 90er Jahren kleine quadratförmige rote Tonplatten in der weiten Küche. Sie waren damals schon ziemlich ausgeschlissen. Winzige Löcher und Rillen waren an die Stelle der glatten Flächen getreten. Die Größe der einzelnen

Abb. 94) Küchenfußboden aus dunkelgrauen und gelbbraunen „Esterkes" (Stadtlohner Riemchen), in Fischgrätenmuster verlegt. Kötterhaus Düving, Stadtlohn, Kr. Ahaus.

Steine entsprach den modernen Herdfliesen. Jeden Samstagabend wurden die Steine geschrubbt. Das geschah mit Wasser und einem struppigen, abgeschlissenen Reiserbesen, während auf der Lehmdiele die feinen Reiserbesen, wie sie aus der Hand des Bauern selbst hervorgingen, gebraucht wurden. Das Schrubben geschah meistens nach Feierabend, wenn alles schlafen gegangen war. Über Nacht konnte die Küchenflur trocknen, und ehe Hausinsassen sie betraten, wurde weißer Sand gestreut. Dieser nahm den Schmutz, der hereingetragen wurde, an sich, und die Platten blieben sauber. Jedes Haus in der Bauernschaft oder im Dorf hatte seinen Sandkasten. Meistens war es eine Ecke in dem kleinen Hauskeller. Das Ausstreuen von Sand wiederholte sich Tag für Tag. Jedesmal, wenn gefegt war, wurde auch Sand gestreut. Man streute in der Art des Sämanns.

Bruchsteinplatten
Auf größeren Höfen der Klei- und Sandgegend trifft man noch heute vielfach die „Bentemsken Steen" an, d.h. diese Bruchsteine können ebensogut aus Gildehaus kommen wie aus Bentheim. Die Steinbrüche in der Gegend lieferten nicht nur das Material für die Kirchen, sondern auch für die Familien. Die Platten wurden an Ort und Stelle zurechtgehauen, wobei zu betonen bleibt, daß der letzte Schliff erst an der Baustelle durch einen Steinmetzen ausgeführt wurde. Die Platten waren von verschiedener Größe.

Stadtlohner „Plättkes"
Eine besonders feine Art ergab sich bei der Anwendung der „Stadtlohnsken Plättkes". Die Plättkes sind winzig klein, nicht viel länger als der Mittelfinger, und die Enden messen etwas 2 bis 3 cm im Geviert. Mittels der Plättkes lassen sich allerhand Figuren legen. So entsinne ich mich, daß ich öfter mitten in der Küchenflur einem Stehkreuz begegnete. Die Plättkes tragen eine feine Glasur. Sie sind von graublauer Farbe. Sie entstanden und entstehen noch heute in engster Verbindung mit der Herstellung von Tongeschirren in Stadtlohn. Ich habe mir den Töpferofen früher einmal angesehen, wie er mit windtrockenen Geschirren bis unter die Decke gefüllt war, ähnlich wie der Ringofen mit Backsteinen. Damit die Töpfe nicht miteinander unmittelbar in Berührung kamen, wurden überall die Plättkes dazwischen als Trennungsmittel gelegt. Sie sind immer sehr begehrt. Als Zierform wählte man zumeist das Grätenmuster.(9)

Abb. 95) Ziehbrunnen. Hof Dammeier, Petershagen, Kr. Minden, 1937.

Brunnen und Pumpen

I. Ein Bericht aus dem nördlichen Münsterland

Wollte in vergangenen Tagen jemand ein neues Haus errichten, so wurde in den meisten Fällen der Anfang damit gemacht, daß ein Brunnen gegraben wurde. So wie wir es noch heute kennen, war es auch damals, daß ein Wünschelrutengänger die passende Stelle aussuchen mußte.

Der Brunnenplatz wurde in der Regel bei Bauernhäusern so gewählt, daß er innerhalb des zu erbauenden Hauses zu liegen kam. Mit kurzen Spaten grub man so lange, bis das aufsteigende Grundwasser Halt gebot. Der Brunnen mußte nun seitwärts mit Steinen abgemauert werden. Dazu benutzte man Kieselsteine von mittlerer Größe. Eine Art Holztonne mit einem „Spiegel" unter dem Boden, dessen Durchmesser größer war als der der Tonne, wurde in die Tiefe gesenkt. Rund um diese wurden Steine gelegt, bis die Höhe des augenblicklichen Wasserstandes erreicht war. Von jetzt an wurde sehr sorgfältig der Brunnenrand mit den Steinen ohne Mörtel ausgelegt bis zur Höhe des Erdbodens. Sah man später in einen solchen Brunnen hinein, dann sah man moosüberzogene Steine. Namentlich die Lücken zwischen den Steinen waren durch dikkes Moos ausgefüllt.

War der Brunnenbau soweit gediehen, so mußte die Pumpe gesetzt werden. Das waren in den alten Bauernhäusern hölzerne Pumpen. Ein entsprechend dicker Baumstamm wurde mit einem Brunnenbohrer in seiner ganzen Länge durchbohrt. War die Tiefe des Brunnens so groß, daß ein Baumstamm bzw. die Länge des Bohrers nicht hineinreichte, so wurden zwei Baumstämme in dieser Weise durchbohrt und hernach auf einander gesetzt. Ein Schmied und ein Drechsler mußten nun für Schwengel, Stange und „Eimer" sorgen. Auch der Ausflußhahn wurde vom Drechsler oder Tischler aus Holz hergestellt. So wurde die Pumpe fertig. Mit ein paar flachen großen Kieselsteinen wurde die Öffnung des Brunnens oben abgedeckt.

Abb. 96) Ziehbrunnen von 1723. Am alten Postweg in Kirchhellen, Kr. Recklinghausen.

Der Standort der Pumpe innerhalb des zu erbauenden Hauses war später der „Waskort“. Hier stand sie mitten in dem freien Raume, umgeben von den Eimern, dem „Beckenschapp“, wohl auch Bottichen, in denen für das Vieh Futter bereitet wurde. Da die hölzerne Pumpe einen schlechten Wärmeleiter darstellte, war die Frostgefahr im Winter lange nicht so groß wie hernach bei den kupfernen Pumpen, die zumeist noch an der Außenwand angebracht waren. Trotzdem war es in ganz kalten Wintern bei den dünnen Wänden der Fachwerkhäuser mitunter nötig, eine gehörige Schicht Stroh herumzulegen. Praktisch war die Lage der Pumpe auch insofern, als sie nicht weit von dem offenen Herd am oberen Ende der Deele stand gegenüber dem Eßtisch im „Unnerschlage“ auf der anderen Seite des Hauses.

Kleinere Besitzungen und Heuerlingswohnungen hatten im Hause nicht den erforderlichen Platz. Ihr Brunnen war draußen, aber möglichst nahe gelegen, um den Weg zu kürzen. Angelegt waren diese Brunnen in der Regel ganz in oben beschriebener Weise. Sie hatten keine Pumpe, sondern das Wasser wurde mit einer „Welle“ oder einem Hebebaum aus der Tiefe gezogen. Da es natürlich nicht ungefährlich war, in der Nähe des Hauses einen offenen Brunnen zu haben, mußte vor allem mit Rücksicht auf Kinder der Brunnenrand abgekleidet werden. Dies geschah mit einer brusthohen Bretterverschalung. Um den Brunnen vor Verunreinigung zu schützen, wurden auch wohl Holzdächer über dem Brunnen errichtet, die eine verschließbare Luke hatten, die beim Wasserholen geöffnet werden konnte.

Die offenen Brunnen wurden alljährlich, wenn der Grundwasserstand besonders niedrig war, gereinigt. Zu diesem Zwecke waren in manchem Brunnen an der Brunnenwand Steine angebracht, die aus der Wand herausstachen und auf denen der Brunnenreiniger in die Tiefe herabstieg. Das mußte mit besonderer Vorsicht geschehen, da die moosigen Steine überaus glitschig waren.[10]

Abb. 97) Dorfpumpe. Seppenrade, Kr. Lüdinghausen. Aufn. aus den 30er Jahren.

Abb. 98) Pumpe an der Schule in Albachten, Kr. Münster.

Abb. 99) Mutter Hepmann am Brunnen. Westscheid bei Menninghüffen, Kr. Herford. Aufn. von 1920.

II. Ein Bericht aus einem lippischen Bergdorf

Abb. 100) Ziehbrunnen an Viehweide. Hof Husemeier, Nettelstedt, Kr. Lübbecke.

Eine „Brunnenromantik", wie sie aus bekannten Volksliedern klingt, gab es in westfälischen Dörfern meiner Erfahrung nach wohl kaum. Der Brunnen wurde sehr realistisch als Wasserstelle betrachtet. Aufgewachsen bin ich in einem kleinen Bergdorf in Ost-Lippe, nicht weit von der Weser. In den tiefer liegenden Dörfern hatten die Leute schon damals Hausbrunnen mit Pumpen, mit der Hand an langen Schwengeln zu bedienen. Aber wir in unserem trockenen Dorf von zwölf Häusern waren arm an Wasser. Es mag damals wohl in manchen Bergdörfern ähnlich so gewesen sein. In meinem Heimatdorf gab es nur einen einzigen ausgemauerten und mit Brettern überdeckten Brunnen. Er lag am äußersten Ende des Dorfes. Daneben gab es noch zwei offene Wasserstellen, in die auch Oberflächenwasser Zutritt hatte, die trotzdem in trockenen Sommern versiegten. Die am anderen Ende des Dorfes wohnenden Leute mußten durchweg täglich zwei Stunden lang eine Person zum Wasserholen für Menschen und Vieh bereitstellen. Das Wasser trug man in zwei Holzeimern, die an Ketten an den Enden des auf den Halsnacken gelegten Tragholzes (Schan'n) hingen. Uns Kindern schnitt die dünne Kante des Tragholzes scharf in den Nacken. Die Holzeimer waren schwer. Aus den beiden offenen Brunnen schöpfte man das Wasser mit dem Eimer. Aus dem gemauerten Brunnen holte man das Wasser mit dem Eimer, den man an den Haken einer langen Stange hängte und dann geschickt den Eimer durch den tiefen Brunnen zog und ihn füllte. Wer ungeschickt war, verlor den Eimer und konnte ihn dann, wer weiß wie lange, mit der Hakenstange zu fischen suchen, wobei das Wasser trübe wurde. Bei Trockenheit war nicht viel Wasser im Brunnen, und reines Kaffeewasser bekam nur derjenige, der morgens der erste am Brunnen war. Die heutige Gesundheitspolizei würde das Holen aus dem trüben Wasser verboten haben, besonders aus den beiden offenen Wasserlöchern. Merkwürdig ist, daß niemand etwas zu berichten wußte von einer Epidemie in der Vergangenheit.

Ich weiß noch, daß man in den neunziger Jahren am anderen Ende des Dorfes durch eine Brunnengemeinschaft von vier Familien einen tiefen Brunnen grub, aus dem man das Wasser mit einem schweren Eimer holte. Er hing an einem Baum, der mit einer Kurbel gedreht werden konnte (Windebaum).

Wenn in einem trockenen Sommer die Brunnen nur noch das Trink- und Kochwasser lieferten, holte man das andere Wasser in Bottichen aus einem kleinen Bache unterhalb des Dorfes aus einem sumpfigen Grunde. Wasser war bei uns zu gewissen Jahreszeiten eine Kostbarkeit. Ein Glück, daß die Frauen wegen der großen selbst gesponnenen und gewebten Leinenvorräte das Waschen aufschieben konnten bis zu günstigen Wasserzeiten.[11]

Abb. 101) Hauspumpe draußen. Auf Bank gespülte Milchkannen zum Ablaufen. Laer, Kr. Steinfurt.

Abb. 103) Küche. Blick zum Waskhook mit Pumpe. Nähe Saerbeck, Kr. Münster, Aufn. aus den 30er Jahren.

Abb. 102) Hauspumpe mit Stroh ummantelt, um sie vor dem Einfrieren zu schützen. Nienberge, Kr. Münster.

Abb. 104) Waschecke in Hapkenhof, Theenhausen, Kr. Halle. Rechts Tellerbord. Aufn. aus den 30er Jahren.

Körperpflege

Ein Bericht aus der Gegend von Warburg

Vergleicht man die hygienischen Verhältnisse in Borlinghausen um 1900 mit denen von heute, so muß ein gewaltiger Fortschritt festgestellt werden, veranlaßt durch Anlage einer Wasserleitung (1958), Errichtung vieler Neubauten mit Badezimmer (seit 1951), durch starke Reduzierung der Zahl der Haushaltsangehörigen (Kinderzahl durchschnittlich 2), Erfahrungen, die unsere Soldaten im In- und Auslande in den beiden Weltkriegen machten, Verbesserung der allgemeinen Wirtschaftsverhältnisse, insbesondere der Löhne und Gehälter, Arbeitszeitverkürzung u. a.m.

Im folgenden soll die Körperpflege um die Jahrhundertwende näher ins Auge gefaßt werden.

Früher wuschen sich die Hausgenossen: Männer, Frauen, Kinder und Gesinde durchweg in der Wohnküche, wo in der Ecke die Wasserpumpe stand; nur selten besorgten das die Männer und Knechte in der Viehküche, so im Sommer oder wenn sie besonders schmutzig waren. Unter dem Ausfluß der Pumpe befand sich der Gossenstein (Gurtenstein), der einen Abfluß nach draußen hatte. Die Männer verrichteten des Morgens erst die notwendigen Arbeiten im Stall: Füttern und Tränken des Viehs, Reinigen des Stalles, ehe sie sich Gesicht und Hände überm Gossenstein wuschen, wobei sie fortwährend pumpen mußten; denn einen Wasserhahn kannte man nicht. Auch ließ der Bauer die Pumpe zuweilen durch einen anderen bedienen. Man half sich gegenseitig, um es bequemer zu haben.

Die Kinder und Frauen, letztere nach dem Melken der Kühe, wuschen sich zumeist in einem verzinkten oder emaillierten Waschnapf von etwa 40 cm auf dem Gossenstein, unter dem sonst die Waschschüssel ihren Platz hatte. Toilettenseife gab es nicht; man benutzte Kernseife (Stückseife), für besonders schmutzige Hände Schmierseife (broune Säpe) und auch Sand. Als Behälter für die Seife diente ein einfaches Blechnäpfchen, das mit einem Nagel in der Wand nahe dem Gossensteine befestigt war. Nebenbei sei bemerkt, daß das Geschirr nicht auf dem Spülstein, sondern auf dem Küchentische gespült wurde. Kleinkinder badete und wusch man in einer kleinen Zinkwanne; dabei gebrauchte man einen Schwamm.

Über der Waschstelle war ein viereckiger Spiegel angebracht, der etwa 30 cm hoch war; vor ihm kämmte man sich; die jüngeren Kinder wurden von der Mutter oder einer älteren Schwester frisiert. Die Frauen und Mädchen ließen ihre Haare lang wachsen; die größeren Mädchen waren stolz auf einen langen Zopf. Die älteren Mädchen und die Frauen trugen das Haar geflochten um den Kopf; bei schwachem Haarwuchs nahm man Zuflucht zu einem falschen Zopf (falschen Wilhelm). Zum Befestigen der Haare dienten Haarnadeln, keine Spangen. Die Männer schnitten sich das Haar gegenseitig; auch wurde der eine oder andere, der darin besonders Geschick zeigte, von anderen gegen ein kleines Entgelt zum „Hofbarbier“ genommen. Im Dorfe gab es keinen Friseur. Der Vollbart, den die meisten älteren Männer trugen, wurde kaum geschnitten. Zum Rasieren benutzte der Mann ein Blechnäpfchen oder ein altes „Köppken“ (Tasse) mit warmem Wasser, Seife, Pinsel und ein Rasiermesser, das er jedesmal vorher, ehe er anfing den Bart abzuschaben, an einem Lederriemen abzog (schliff). Das Rasieren geschah am Küchentisch vor einem kleinen Spiegel, meist einmal in der Woche, durchweg Samstagabend oder Sonntagmorgen.

Zähneputzen war unbekannt; höchstens wurde der Mund ausgespült. Man kannte allerdings Zahnbürsten, gebrauchte diese aber nicht. Erst seit 1920 änderte sich das. Dabei waren die Zähne damals im allgemeinen besser als heute; bei Zahnschmerzen ging es nicht zum Zahnarzt; oft half der Schmied aus beim Ziehen. Ein künstliches Gebiß trug niemand.

Für den allgemeinen Gebrauch hing an einem Nagel über dem Gossenstein ein buntes Handtuch von selbstgewebtem „Hausmacherleinen“ zum Trocknen der Hände. Überhandtücher und Badetücher gab es nicht. Zum Trocknen hängte man die Handtücher an einer Schnur über den Herd oder legte sie über einen Stuhl, der an den Herd gerückt wurde.

Ein Taschentuch für die Nase kannte man; bei den Männern waren sie oft bunt und groß und dienten dann auch wohl dazu, Kirmeseinkäufe oder Kuchen von Hochzeiten nach Hause zu tragen. Die Knaben gebrauchten nicht selten ihren Rockärmel zum Naseputzen!

Es war nicht Brauch, sich vor dem Essen die Hände zu waschen, es sei denn, daß sie besonders schmierig waren. Die Körperreinigung ließ viel zu wünschen übrig. Man wusch sich selten die Füße, noch weniger den ganzen Körper. Letzteres geschah vielleicht zwei- bis dreimal im Jahre, auch vor der Erstkommunion und Trauung. Man machte dazu in Kesseln Wasser heiß und goß es in einen Holzkübel, den man in die warme Küche holte, im Sommer in der Viehküche ließ. Man badete sich darin allein. Badewannen gab es nicht; die ersten kamen erst nach 1920.[12]

Abb. 105) Pumpe in der Küche. Hof Hanneforth, Brockhagen, Kr. Halle.

Abb. 106) Junge Bäuerin in Sonntagskleidung. Kirchspiel Hüllhorst, Kr. Lübbecke. Aufn. von 1922.

Große Wäsche im westlichen Münsterland

Abb. 107) Große Wäsche um 1935. Spülen und Auswringen. Dingden, Kr. Borken.

Bei den Bauern wurde zwei- bis viermal im Jahr Wäsche gewaschen. Im Frühjahr und im Sommer wusch man die Leib- und Bettwäsche, im Winter wusch man nur die notwendig zu reinigende Wäsche (kläine Wöske). Der Waschtag war früher ein kleines Fest, zu dem die Nachbarfrauen kamen. Das runde oder selten ovale Waschfaß (Durchmesser ca. 170 bis 200 cm), meist „Bükfatt" genannt, stand gefüllt mit schmutziger Wäsche auf dem dreibeinigen „Bükschragen". Schon einige Tage vorher hatte man „Holtaske" vom Herdfeuer gesammelt oder vom Bäcker, der fast nur Schlagholzbuschen brannte, geholt. In Stadtlohn holten die Bauern die Holzasche gern von den Pottebäckern, die viel Buchenklafterholz brannten. Es mußte nämlich Asche von Buchen oder Buschen sein. Es wird vermutet, das „Büken" (Bükfatt, Bükschragen etc.) mit der plattdeutschen Bezeichnung für die Buche, nämlich „Böke", zusammenhängt.

Über die schmutzige Wäsche legte man ein Leintuch und schüttete die Holzasche darauf. Nun goß man kochendes Wasser aus dem viereckigen Kupferkessel, „Venüskätel", darauf, bis die Holzasche ausgelaugt war. Das sah man an der Farbe. Die ausgelaugte Asche warf man weg und nahm neue, bis das Faß voll Lauge war. In dieser Lauge blieb die Wäsche einige Zeit stehen. Dieser Arbeitsvorgang hieß „Inbüken".

Nun ließ man die Lauge durch das mit dem „Bükstaken met'n Plodden" verschließbaren Loch im Boden des „Bükfatt" ab und brachte sie auf dem Herdfeuer wieder zum Kochen. Das kochende Wasser goß man wieder auf die Wäsche, ließ es durchlaufen und brachte es erneut zum Kochen. Dieser Vorgang wurde so oft wiederholt, bis die Lauge kochend wieder aus dem Faß kam. Diesen Arbeitsvorgang nannte man das „Büken". Es war die Hauptarbeit beim Waschen. Mit Erstaunen bemerkte die alte Frau B., die diese Art zu waschen noch mitgemacht hatte, daß die Wäsche ohne Automaten und sogar ohne Kochen doch „hagelwitt" geworden sei.

Später wurde nicht mehr gebükt, sondern die Wäsche wurde in einem „Wöskekätel" mit Seife und Glassoda gekocht. Noch später nahm man Waschpulver, und dann kamen auch schon bald die ersten Wäscheschaukeln. Nach dem Kochen kam die Wäsche dann wieder in ein Waschfaß.

Es folgte das „Utwasken", zwei bis vier „Waskewiewer" taten es. In Vreden gab es viele „Waskewiewer", die erwerbsmäßig oder zum Nebenerwerb wuschen. Bei den Bauern kamen Nachbarfrauen oder Mägde. Man half sich gegenseitig. Die Waschfrauen standen auf Fußbrettern und wuschen mit den Händen, später mit dem Waschbrett. Auf die besonders verschmutzten Kragen und Manschetten, „Bördkes" genannte, strichen sie Schmierseife und rieben sie ordentlich. Dabei erhielten die Waschfrauen „en sööt Schnäpsken" oder „meestendeels en Pupanisken".

In Vreden gingen die Frauen mit der Wäsche nun zur Berkel oder zum Stadtgraben zum Spülen. Sowohl Berkel als auch der Stadtgraben waren früher sehr sauber (und fischreich.) Dort gab es viele Stege, „Waskebrüggen" genannt.

Nach dem Spülen ging es zu den sogenannten „Bleeken" vor den

Abb. 108) Spülen der Wäsche auf einer der sechs Wäschebrücken an der Gräfte von Haus Nienberge bei Münster.

Stadttoren und in der Nähe des Stadtgrabens bzw. der Berkel. Die Wäsche wurde durch das Waschen gelblich und mußte gebleicht werden. Dabei mußte auch gesprengt werden. Unsere heutige Gartenspritze war früher eigentlich eine Wäschespritze.

Bei den Bauern lag die Bleiche oft weit vom Hof, nämlich dort wo der nächste Bach floß, dessen Wasser man wie zum Spülen so auch zum Besprengen der Wäsche benötigte. Zum Sprengen nahm man einen alten Klumpen (Holzschuh), der an einem Stiel befestigt war.

Da die Wäsche über Nacht auf der Beiche liegen blieb, stürzte man eine Sturzkarre um, damit die Magd oder der Knecht, je nachdem, wer Wache hatte, nachts einen Unterschlupf hatte. Offenbar waren Wäschediebstähle vorgekommen. Die Furcht davor war jedenfalls verbreitet. Durch das Bleichen wurde die Wäsche schneeweiß. Häufig bläute man deshalb die Wäsche nach dem Bleichen, damit sie einen bläulichen Schimmer erhielt.

Nach dem Bleichen hängte man die Wäsche auf „de Hegge“ oder „up'n Struk“. Daher die Redewendung, die auf arme Leute gemünzt ist: „Een Himd up'n Buk un een Himd up'n Struk.“[13]

Abb. 109) Waschen an der Hauspumpe. Nienberge, Kr. Münster.

Abb. 110) „Kloppspoan“, Wäscheklopfer. Wenn die Wäsche in der Holzaschenlauge geweicht war, wurde sie mit dem Brett geschlagen. Hof Hüchtker, Füchtorf, Kr. Warendorf.

Abb. 111) Wäscheklopfer. Slg. Heimatmuseum Oestrich, Kr. Iserlohn.

Abb. 112) Die trockene Wäsche wird abgenommen. Kotten Schlüter, Südlohn-Venn, Kr. Ahaus.

Abb. 113) Zum Schutz mit einem Wassergraben umgebene Bleiche mit Bleichhütte. Hof Meyer zu Hoyel bei Spenge, Kr. Herford.

Abb. 114) Bleichen von Wäsche. Besprengen der Wäsche mit einer Gießkanne. Dingden, Kr. Borken, um 1935.

Abb. 115) Bauer beim Kühehüten. Umgebung von Bad Oeynhausen, Kr. Minden. Aufn. von 1940.

Abb. 116) Kinder beim Kühehüten. Die Kinder lesen und machen ihre Schulaufgaben beim Hüten. Hohenholte bei Münster.

Kühe hüten

a) „Kögge höen"

Gehütet wurde bei freiem Weidegang. Der Hüter hatte nur aufzupassen, daß das Vieh die Wiese nicht verließ und auf Nachbargrundstücken Schaden tat. Gehütet wurde auf allen Wiesen nach dem ersten bzw. zweiten Grasschnitt bis in den Spätherbst hinein, dann bis tief in den Winter auf der Heide. Hüter waren die schulpflichtigen Kinder. Kinderreiche Familien von Köttern und Heuerlingen gaben ihre Kinder vom 10. Jahre ab als Kinnerwicht und Kaujungen auf Bauernhöfe. Sie erwarben dort ihren Lebensunterhalt und ihre Kleidung einschließlich der ganzen Konfirmationsausstattung, mußten dafür dann aber noch ein Jahr nach der Konfirmation für Kleidung dienen. Kaujunge, Kinnerwicht oder die eigenen schulpflichtigen Kinder hüteten nach der Schule die Kühe. Das war eine recht beliebte Arbeit, wenig anstrengend, bei völliger Freiheit, ohne jede Aufsicht für drei bis vier Stunden. Dabei gab es viele Freuden (Hüttenbau, Feueranmachen, Eichhörnchenjagd, Nestersuchen). Oft hatte man dabei Verbindung mit Nachbarkindern, die auch hüteten. Während des Hütens mußten allerdings die Memorierstoffe für die Schule gelernt werden. Die Mädchen bekamen den Strickstrumpf mit. Oft vergaß man sich auch. Die Kühe waren weg und mußten gesucht werden. Wenn sie auf Nachbaräckern Schäden angerichtet hatten, so konnte das für den „Hedder" unangenehme Folgen haben.

Wenn die Wiesen kahl waren, etwa ab Mitte November, trieb man die Kühe auf die damals noch vorhandenen großen Heideflächen, wo sie sich fast völlig selbst überlassen waren und kaum Schaden anrichten konnten. Die Kühe hatten dann leider die unangenehme Eigenschaft, daß sie immer Flächen suchten, die noch nicht überweidet waren. Die letzten Jahrestriebe waren wohl zarter und schmeckten besser als das verholzte ältere Heidekraut. Sie wanderten ziemlich rasch weiter, und wir mußten nach Art der Nomaden der Herde folgen. Geweidet wurde bei günstigem Wetter wohl bis in den Februar hinein. Es kam auch vor, daß wir beim Hornsignal die Herde nicht mehr fanden und als arme Sünder allein nach Hause gehen mußten. Einmal fanden wir die Herde auf einem 7 km entfernten Hof wieder. Die Kühe bekamen beim Überqueren eines Weges manchmal den Einfall, diesem Weg im Gänsemarsch zu fol-

Abb. 117) Kühehüten am Feldrain. Laer, Kr. Steinfurt. Aufn. von 1948.

gen und legten dann rasch weite Strecken zurück. Solch eine Suchaktion machte viel Freude, wenn man nicht selbst der Sünder war, der nicht aufgepaßt hatte.
Leittiere, die zu solchen Extravaganzen neigten, wurden wohl „gekneihaltert". Ein um Hörner und ein Knie gelegtes Kuhseil bewirkte, daß die Kuh nur mühsam gehen und nicht den kleinsten Graben überspringen konnte. Kneihaltern war Tierquälerei und wurde später polizeilich verboten.

Das Kühehüten hörte mit der Einführung des Stacheldrahtes allmählich auf. Vor dem Drahtzeitalter hatten manche Höfe schon durch Gräben in Verbindung mit Wallhecken eingefriedigte Weiden, auf denen das Vieh vormittags graste, wenn die „Kauhedders" in der Schule waren. Nachmittags von 2-6, sonntags von 12-4 Uhr mußte unerbittlich gehütet werden.

b) „Kögge lehen"

Im Gegensatz zum Hüten auf freier Wiese war das „Köggelehen" am Strick auf den Anneweiden (Ackrrainen) eine recht qualvolle Arbeit für uns. Ich habe nie von jemandem gehört, der diese Arbeit gern gemacht hätte. Auf den Anneweiden, die bei jeder Ackerdüngung etwas mitbekamen, wuchs sofort im Frühjahr gutes Gras, besonders an der Grenze zwischen Acker und Rain. Man hatte drei oder vier Kühe an Stricken zu leiten und mußte nun 3-4 Stunden ununterbrochen die Kühe im Schneckentempo über den Rain leiten und aufpassen, daß keine sich dabei an der Ackerfrucht vergriff. Da mußte man auf der Hut sein. In der einen Hand hielt man die Stricke, in der anderen den Stock. Die Stricke durften nicht geknotet sondern nur durch einfachen Kreuzschlag verbunden sein. Auch durfte man sie nicht um einen Körperteil wickeln, da man beim Wildwerden mitgeschleift werden konnte. Langweiligere Arbeit kann man sich schlecht denken, zumal man nicht einmal seine Gedanken spazierengehen lassen konnte, sondern ständig achtgeben mußte. Das Köggelehen hörte nach dem ersten Kriege auf. Es gab keine Hedders mehr, die eigenen Kinder streikten. Für sie fand sich auch notwendigere Arbeit. Das Gras der Anneweiden wurde Leuten geschenkt, die für Kleinvieh etwas Heu benötigten.[14]

Viehweide in Geseke, Melken und Buttern

Die große Geseker Feldmark hat unterschiedliche Bodenarten. Im Süden auf dem Kalksteinfelsen ist der sogenannte Verwitterungsboden, der meist flach aufliegt. Teils findet man auch meterdicke Bodenbänke als Ackerland. Zu beiden Seiten des Hellwegs ist sandiger Lehmboden, meist tiefgründig und zu beiden Seiten der Schledde ist vielfach Kiesboden. Im Norden in den Brucken ist schon anmooriger Boden, der meist als Wiese oder Weide genutzt wird.

Vor der Zusammenlegung im vorigen Jahrhundert wurden diese Böden, weil zu naß und so als Ackerland wenig geeignet, von den Hudegenossenschaften gemeinsam geweidet. Ein Hirt trieb seine Rindviehherde am Morgen aus der Stadt in diese Gebiete. Am Mittag wurde die Herde auf dem sogenannten Neonenplatz (None = neunte Stunde = Mittagszeit) zusammengetrieben, wo auch die frischmelken Tiere von den Eigentümern gemolken wurden. Die Milch, meist nicht sehr viel, wurde auf dem stundenweiten Weg an der Hand oder auf dem Kopf mit einem Ledergehäuse, einem sogenannten Läpen, in den ein Topf paßte, getragen. Unterwegs wurde gemeinsam manch Schwätzchen gehalten. Bei der Zusammenlegung wurden die Hudegenossenschaften aufgelöst, die Gemeinschaftsweiden aufgeteilt und den Mitgliedern als das Huderecht zugeschrieben.

Da nun Wege angelegt und ordentliche Gräben ausgeworfen wurden, konnten diese nassen Gebiete auch als Wiesen, die zweimal gemäht wurden, genutzt werden. Da Anfang dieses Jahrhunderts die meisten Bauern noch in der Stadt wohnten, hatten diese in der Nähe der Stadt eine Weide für's Milchvieh. Die Kühe wurden hieraus abends, manchmal auch mittags nach Hause geholt.

Da das Futter im Sommer auf den Weiden meist sehr knapp wurde, ging man dazu über, unter das frühe Getreide Kleesamen zu säen, um hierauf nach der Ernte die Kühe zu hüten. Besorgt wurde diese Beschäftigung von älteren Leuten oder von den größeren Schuljungen und Mädchen. Dieses Hüten nun hatte zwei Seiten. Es konnte eine langweilige, aber auch manchmal für die Jungen eine sehr angenehme Beschäftigung sein. Lag das zu beweidende Kleestück allein oder hatte der Nachbar Runkeln oder den wegen seiner Blähgefahr gefürchteten Rot- bzw. Weißklee, konnte es ein langweiliger Tag werden. Waren aber in der Nähe mehrere kleine Herden zu hüten und war wenig aufzupassen, so war es sehr interessant. Kamen die Jungen mit ihren Herden von meist 4-5 Kühen aufs Feld, war man gleich zusammen und spielte und baute. Eine kleine Hütte aus Latten und Stroh fehlte fast nie. Am Grabenrand wurde ein Backofen kunstgerecht angelegt. Äpfel und Kartoffeln wurden gebraten und der Windvogel stieg in die Lüfte. Ein solcher Tag ging schnell vorüber, und wenn die große Dampfpfeife von Meteor um 6 Uhr zum Feierabend blies, sammelte sich die große Gemeinschaftsherde, und langsam ging es auf die Stadt zu. An den Toren, deren Straßen zu den großen Kleegebieten in der südlichen Feldmark führten, sah man diese größeren Herden jetzt schon schneller

Abb. 118) Kuhgespann vor Heuwagen. Voßwinkel bei Neheim, Kr. Altena.

Abb. 119) Mädchen beim Melken. Darup, Kr. Coesfeld. Aufn. um 1950.

sich bewegen. Wasser war da oben knapp, und man witterte schon das kühle Naß vom Sprink oder Rosenteich, der noch bis 1912 in der Holtecke offen war. Hatten die Kühe den Durst gelöscht, ging es in den Stall. Dieses Hüten wurde nun abgelöst durch den elektrischen Weidezaun, der sich so bewährt hat, daß sogar die gefürchteten Kleearten geweidet werden können. Die Tiere müssen nur vollgefressen auf den Klee und Tag und Nacht daraufbleiben.

Gemolken wurde in damaliger Zeit nur mit der Hand. Zentrifugen und Melkmaschinen kannte man noch kaum. Waren die Kühe gemolken, wurde ein Teil der Milch für die Molkerei in die Kanne gefüllt und am Morgen abgeholt. Ein anderer Teil wurde für den Haushalt gebraucht und auch an die Nachbarn als Trinkmilch verkauft, was damals noch nicht verboten war.

Abb. 120) Zweirädriger Anhänger, beladen mit Milchkannen. Davor Milchkannen mit der Milchlieferung eines Hofes. Nienberge bei Münster.

Abb. 121) Privatmolkerei Bonnes in Eldagsen bei Petershagen, Kr. Minden. Milchanfuhr mit Pferdewagen. Um 1930.

Buttern

Das Buttern wurde meist selber besorgt. Zu diesem Zweck wurde die Milch in flache Ton- oder Steinnäpfe getan, welche in einem kühlen Raum, der Milchkammer, aufbewahrt wurden. Von Zeit zu Zeit wurden diese Näpfe (Setten) in eine größere Schüssel abgepustet. Der Rahm (Schmant) hatte sich nämlich oben abgesetzt. War nun genügend Rahm da und derselbe reif, wurde mit einer Butterkerne gebuttert. Man unterschied zwei Arten von Butterkernen. Die eine war ein schmales, senkrecht stehendes Holzfäßchen, in welchem ein durchlöchertes rundes Brettchen mit einem Stiel rauf und runter bewegt wurde, um den Rahm zu teilen. Ein älterer Bauer hatte mal ausfindig gemacht, daß er bei normaler Temperatur 120 bis 130 mal stoßen mußte, um die Butter zu erhalten.

Die andere etwas vollkommenere Art der Butterkerne war ein waagerecht liegendes Faß mit einem auf der Achse festsitzenden Rausch mit einer Spindel, welche gedreht werden mußte. Dieses Kernen war wieder eine Arbeit für alte Leute oder größere Schulkinder. Hatte der Rahm nicht die richtige Temperatur, ließ man ihn sommertags auch mal in den Brunnen hinab, dann war es ein leichtes, die Butter zu bekommen. Wehe aber es war Gewitterluft, dann konnte stundenlang gedreht werden, aber die Butter kam nicht. Ab und zu guckte die Mutter in das Faß und sagte: „Junge, dreh ment, se kümmet balle, se schrätt schon“, aber am Ende wanderte die ganze Suppe doch noch in den Schweinetopf.

Hatte sich bei normaler Witterung aber die Butter von der Milch getrennt, wurde sie von der Mutter in einer Schüssel mit einem Holzlöffel gewaschen, geknetet und gesalzen. Die Butter, welche im Haushalt nicht gebraucht wurde, erhielten die Geschäfte zum Verkauf. In keinem Lebensmittelladen fehlte diese schmackhafte, gern gekaufte Bauernbutter.(15)

Abb. 122) „Schmandsetten“ (Bunzlauer Braungeschirr). Darin wird die Milch zum Dickwerden aufgestellt. Wenn sich der Rahm abgesetzt hat, wird er bei dem kleinen Ausguß abgeschüttet, bzw. abgeblasen. Hof Bergmann, Bochum-Laer.

Abb. 123) Milchschrank, „Molkenschap“ (mit geöffneten Türen). In den Fächern die Milchsetten. Museumshof Rahden, Kr. Lübbecke.

Abb. 124) Butterform. Lindenholz. Gedrechselter Fuß. Hof Lentfort-Boing, Wennewick bei Vreden, Kr. Ahaus.

Abb. 125) Frau beim Buttern. Nienberge bei Münster.

Schweineschlachten

Termin

Hatte man am Kalender einige günstige Tage ermittelt, wobei der nächste Neumond – datt nigge Licht – den Ausschlag gab, dann bestimmte der bestellte Hausschlachter den genauen Tag und die Stunde, wann alles bereit sein mußte. In den Tagen um den Neumond herum durfte nicht geschlachtet werden, man wußte aus alter Erfahrung, daß sich dann das Dauerfleisch nicht gut hielt. Es mußte morgens recht früh geschlachtet werden, um viel Zeit zum Auskühlen zu gewinnen, denn noch am gleichen Tage abends erschien der Schlachter zum zweiten Male, um das Schwein zu zerlegen. Man könnte einwenden, dazu wäre am folgenden Tage doch noch Zeit genug gewesen, aber auch in diesem Falle handelte man aus alter Erfahrung. Denn oft genug und mit leichter Mühe wurde das geschlachtete Schwein nachts von der Leiter weg gestohlen. Die Diebstähle auf dem Land waren zu allen Zeiten in erster Linie auf Schlachtvieh gerichtet.

Vorbereitungen

Zu den Vorbereitungen der Schlachtung gehörte es zunächst, dafür zu sorgen, daß das zu schlachtende Stück einen Tag lang vorher nicht gefüttert werden durfte, denn das erleichterte sehr die Schlachtarbeiten. Die Hausfrau und die Mägde hatten einen ganzen langen Tag Arbeit ordnungsmäßige Vorbereitungen zu treffen. Erfolgte das Schlachten in der Waschküche, so wurde diese zuerst geschrubbt, fehlte es aber an einem passenden Raum oder war die Temperatur im Hause zu warm, so machte man draußen im Hof eine Stelle sauber und bedeckte den Boden mit einer Schütte Roggenstroh als Unterlage beim Schlachten. Die Regel war auf allen Höfen, die Leiter mit dem Schwein draußen aufzustellen, der besseren Auskühlung wegen.

Der Schlachtermeister hat in seinem Geschäft seine Gerätschaften und Werkzeuge ständig gebrauchsfertig, aber auf den Höfen werden diese hauptsächlich zu anderen Zwecken benutzt, müssen deshalb gründlich auf Sauberkeit und Gebrauchsfähigkeit überprüft werden. Dazu gehören: Die 2 bis 2½ m hohe Leiter, ein Strick, der Krummstock, ein Kessel zum Wasserkochen, Töpfe, Kübel, Pfannen, Wannen, ein Hauklotz, das Pökelfaß, Fleisch- und Wurstmaschinen, Löffel und Messer sowie Tische und Stühle desjenigen Raumes, in dem die Verarbeitung vorgenommen wird. Die Hausfrau darf auch nicht vergessen, ihre Behälter für Gewürze mit Salz, Pfeffer, Muskat, Salpeter, Zucker usw. aufzufüllen, evtl. künstliche Därme, Nadeln, Nähgarn und Bindfaden einzukaufen, und schließlich haben alle Helfer für ihre eigene saubere Kleidung zu sorgen. Ist das geschehen, so kann man den Schlachter erwarten.

Schlachten

Er hat Bescheid gegeben: „Morgen früh um fünf komme ich!" Dann muß bereits um vier Uhr das Feuer unter dem Wasserkessel, der schon abends vorher mit 100 bis 150 l Wasser angefüllt wurde, angezündet werden. Eine Stunde dauert es, bis das Wasser kocht. Ein Knecht muß dem Schlachter helfen, er ergreift das Schwein am Stert und hält es fest, bis der Schlachter den Strick um ein Hinterbein geschlungen hat, so haben die beiden das Schwein in der Gewalt und führen es an den Ort, an dem es geschlachtet wird. – Über die Tötungsart gab es früher keine Bestimmungen, das Schwein wurde auf eine Seite gelegt, Knecht und Schlachter knieten sich darauf, und dann machte der Schlachter mit seinem langen Messer einen Schnitt in die Kehle und durch die Drossel, eine Magd fing das ausströmende Blut mit einer Pfanne auf und schüttete es in einen Topf, in dem es mit einem langstieligen hölzernen Löffel solange gerührt wurde, bis das Schwein ganz ausgeblutet war. Das Rühren erfolgte deshalb, um Klumpenbildung im Blut zu verhindern. Während dieser Prozedur des Schlachtens, vom Augenblick an, als es aus dem Stall geholt wird, bis daß es die Schnitte in die Drossel erhalten hat, schreit das Schwein ganz unbändig laut, das man weithin hören kann, und wenn im Herbst die Zeit der Schlachtungen begann, so konnte man jeden Morgen in der Frühe das Quieken und Schreien hören, mal hier, mal da, rundherum bei den Nachbarn.

Enthaarung und Aufbrechen

Ist das Schwein ausgeblutet, so beginnt für den Schlachter eine anstrengende Tätigkeit, es gilt, die Haare abzuschaben. Eine Magd reicht ihm in einer kleinen Gießkanne das heiße Wasser, mit dem er eine Fläche von ca. 30 × 30 cm begießt, um die Haare, beim Schwein auch Borsten genannt, an der Wurzel gründlich weich zu machen. Ähnlich wie das Rasieren vor sich geht, lassen sich nun die Haare abkratzen. Begießen und Schaben wechseln miteinander ab, bis das Schwein auf beiden Seiten blank ist. Nun wird die Leiter auf den Fußboden neben das Schwein gelegt und das Schwein darauf gerollt bzw. gehoben, wozu zwei bis drei Helfer nötig sind. Um das Schwein an der Leiter zu befestigen, bedient man sich des Krummstocks, aus Buchen- oder Ebenholz angefertigt, 80 cm lang, etwas gebogen, in seiner Mitte armdick, an den Enden dünner. Durch einen Schnitt in die Hinterbeine wird ein kurzer Spalt zwischen Sehne und Schienenbein hergestellt, durch den die Enden des Krummstocks gesteckt werden. Mit einem Strick wird dieser an der oberen Sprosse der Leiter festgezurrt. Nun ist man soweit, die Leiter mit dem Schwein, Kopf nach unten, aufzurichten und an eine Wand anzulehnen.

Für die folgende Arbeit des Schlachters weiß ich keine zünftige Bezeichnung anzugeben, der Jäger nennt sie Aufbrechen. Der Schlachter des Hausschweines wahrt dabei gewisse Manieren, denn das sauber geschlachtete Schwein an der Leiter, die Seiten in einer geraden Fläche weit auseinander gedrückt, mit Hilfe des Krummstocks gespreizt, die Flomen um die Bauchseiten nach außen herum geklappt, bietet so dem Beschauer einen recht appetitlichen Anblick.

Alle inneren Teile: Lunge, Leber, Nieren, Herz, die nachher bei der Wurstfabrikation Verwendung finden, sind sofort in entsprechenden Behältern in den Keller gebracht, Därme und Magen dagegen müssen nach ihrer Entleerung eine weitere Behandlung durchmachen. In früheren Zeiten machte die Hausfrau diese Arbeit selbst. Um den stinkenden Geruch zu mildern, ließ man sie 24 Stunden in klarem Wasser liegen, dem geschnittener Lauch und Peter-

Abb. 126) Hausschlachtung. Das frisch geschlachtete Schwein wird mit heißem Wasser überbrüht und die Borsten werden abgeschabt. Nienberge bei Münster, Januar 1957.

silie beigemengt waren. Dann wird die anhaftende Fettschicht abgeschabt. Diese Arbeit erfordert eine besondere Sorgfalt, denn beschädigte Därme sind für die Wurstbereitung unbrauchbar, sie sollen doch ziemlich luftdicht sein.

Zerteilung

Am späten Abend setzt der Schlächter seine Arbeit fort. Ein Hau- oder Hackklotz auf drei Beinen, ca. 70 cm hoch, ein großer Tisch und eine Reihe großer Töpfe stehen in der Diele oder in der Waschküche bereit. Die Hausfrau gibt nun dem Schlachter Anweisung, wie die Zerteilung erfolgen soll. Die großen Stücke: Beine, Speckseiten, rundherum beschnitten, werden im Keller im Pökelfaß eingesalzen, Rippen-, Nakken- und Bratenstücke zunächst auf dem Fleischboden zum Trocknen einige Tage aufgehängt, dann eingekocht. Alle Abfälle und kleinere Stücke, die sich bei der Formung der größeren ergeben haben, kommen für die Mettwurst in Frage. Größere Knochenstücke werden in kleinere

Abb. 127) Hausschlachtung bei Familie Esseling in Vreden, Kr. Ahaus. Das ausgenommene Schwein hängt draußen zum Auskühlen an der Leiter.

Abb. 128) Pökelfaß, „Salteküwen", mit eingesalzenen Schinken. Das Faß ist aus Eichenholz und mit verzinkten Eisenbändern umzogen. Es steht im Kartoffelkeller. Wennewick bei Vreden, Kr. Ahaus.

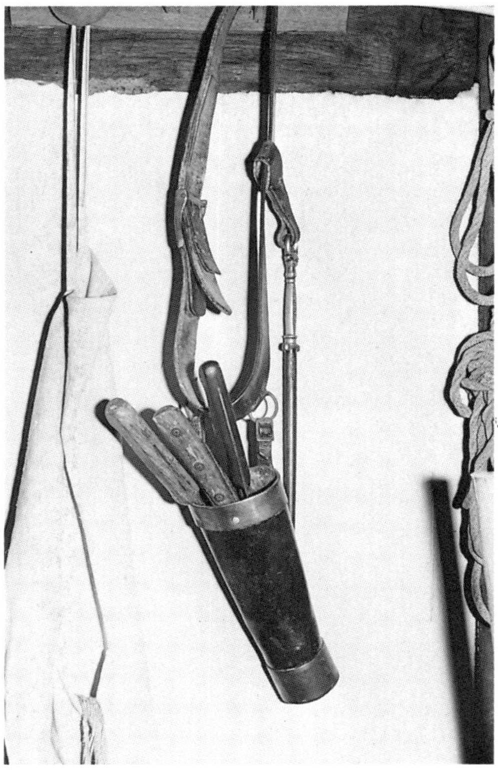

Abb. 129) Gürtel eines Metzgers. Anhängender Köcher mit Schlachterbesteck und Wetzeisen. Heimatmuseum Bad Oeynhausen, Kr. Minden.

Abb. 130) Pökelfaß, angefertigt von einem Wittener Küfermeister. Bochum-Laer.

Abb. 131) Wursthörnchen aus Messing. Es wurde zum Stopfen der Mettwürste benutzt. Hamaland-Museum Vreden, Kr. Ahaus.

Abb. 132) Zwei Schmalztöpfe. Der linke von einem Hof in Gescher, Kr. Coesfeld, der rechte aus einer Gaststätte in Castrop-Rauxel. Jetzt Hamaland-Museum. Vreden, Kr. Ahaus.

Abb. 133) Metzger mit Familie. Er trägt um den weißen Kittel den Gürtel mit Wetzeisen und Köcher, in dem sich sein Besteck befindet. Hof Bolte, Neuenknick, Kr. Minden, 1912.

zerhauen, gelangen z.T. in das Pökelfaß oder werden eingekocht, ein Rest auch in den nächsten Tagen als Pfefferpotthast verzehrt. Früher war damit die Arbeit des Schlachtens beendet.

Wurstmachen

Für die Herstellung der Mettwurst wurde noch keine Fleischmaschine benutzt, das würfelförmige Zerschneiden der dazu bestimmten Fleisch- und Speckstücke erfolgte mit dem Messer, woran natürlich auch die Mägde neben der Hausfrau beteiligt waren. Das Zerschneiden des Fleisches erfolgte also mit der Hand, aber das Einfüllen in den Darm geschah schon mit der Wurstmaschine. Die in einem großen mollenartigen Becken durchgeknetete und vorbereitete Mette, mit 26 g Salz, 3 g Pfeffer, einer Prise Zucker und Salpeter je Kilogramm gewürzt, wurde auch erst gekostet und probiert.

Konservierung

Alle Mettwürste und alle im großen Kupferkessel gekochten Leber- und Blutwürste wurden zunächst einige Tage auf dem Fleischboden zum Trocknen aufgehängt und dann in der stockfinsteren Räucherkammer im Speicher geräuchert. Der Rauch des Kessels und des Backofens wurde zu dieser Zeit dann durch die Räucherkammer geleitet, vermittels zweier Löcher im Schornstein, eins unten, das andere oben, die verschließbar waren. Die Räucherkammer war auch so gut abgedichtet, daß keine Fliegen und Brummer einzudringen vermochten. Deshalb ist auch niemals etwas mißraten, obwohl man manche Stücke monatelang dort hängen ließ, bis sie zum Verbrauch heruntergeholt wurden. Nach zwei bis drei Wochen wurden auch die Schinken und die Speckseiten aus dem Pökelfaß heraufgeholt, abgewaschen, getrocknet und ebenfalls zum Räuchern auf der Räucherkammer aufgehängt, man konnte sie dort nach Belieben lange hängen lassen.[16]

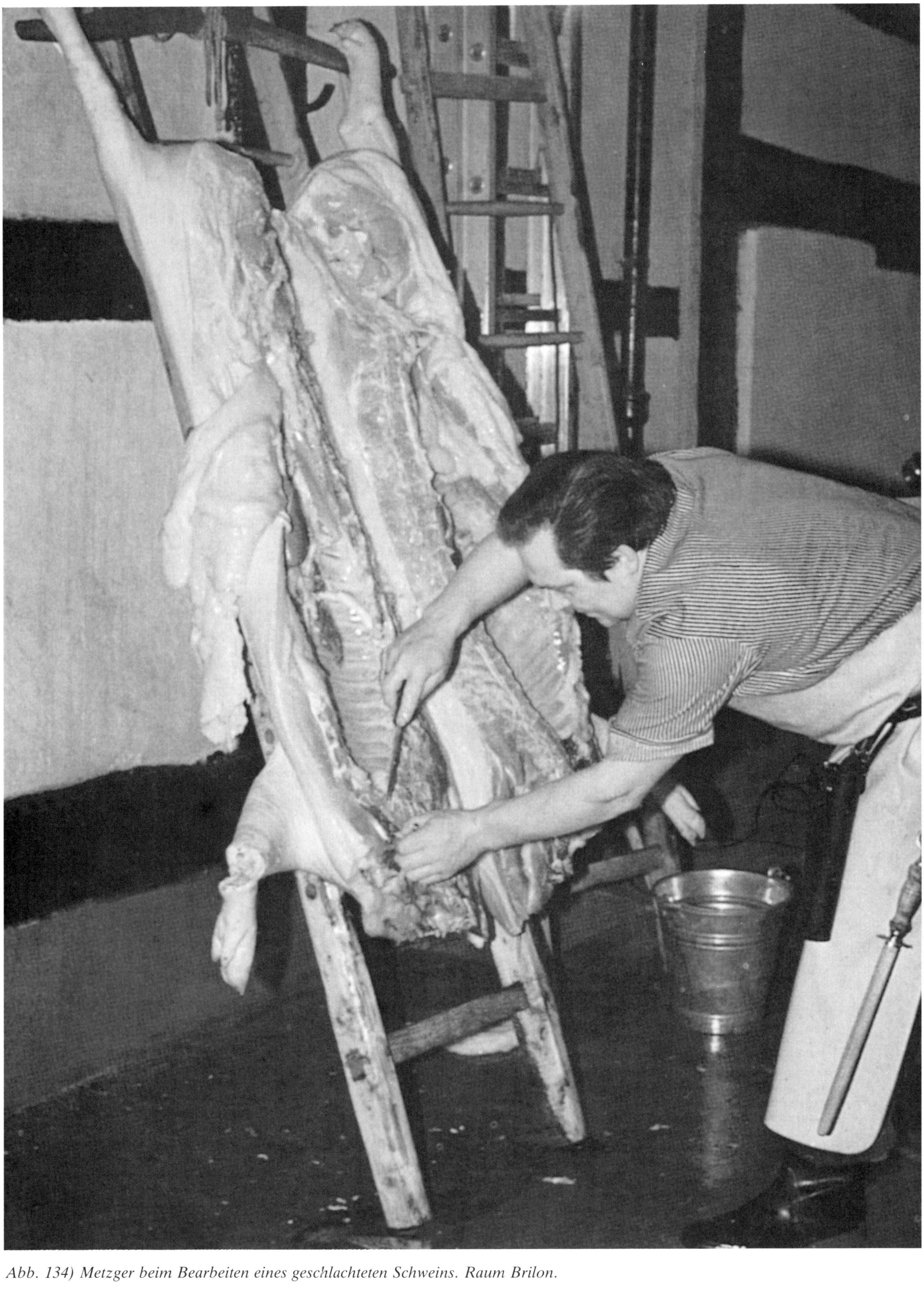

Abb. 134) Metzger beim Bearbeiten eines geschlachteten Schweins. Raum Brilon.

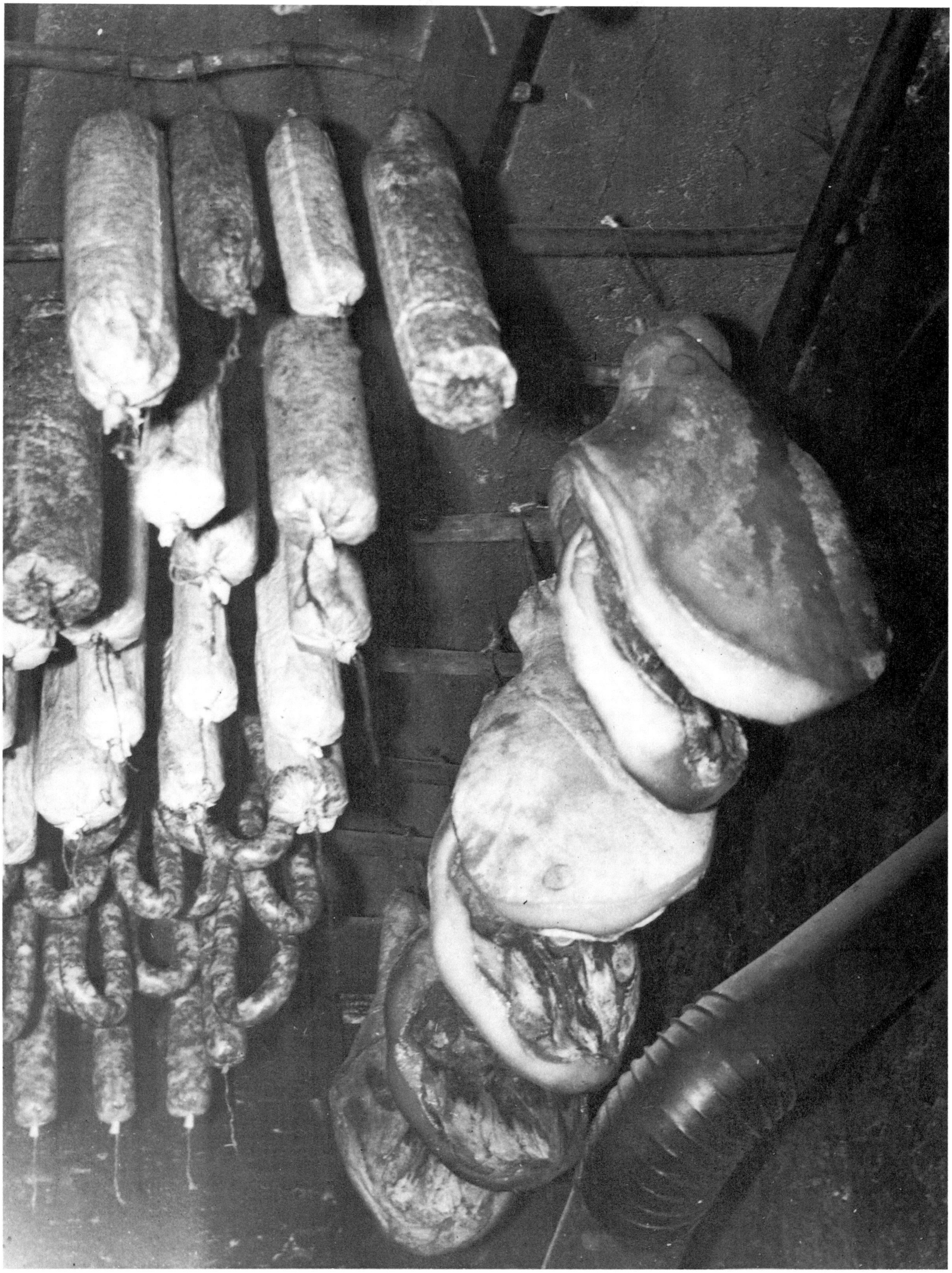

Abb. 135) Bosen mit Schinken und Würsten. Hof Mertens, Laer, Kr. Steinfurt.

Vorratshaltung im nördlichen Westfalen.

Abb. 136) Sauerkrautfaß. 19. Jahrhundert. Eichenholzdauben, Deckel in Kiefernholz erneuert. Ursprünglich Weidenholzbänder. Oberes zum größten Teil erhalten, die übrigen durch Eisenbänder ersetzt. Hof Bomers, Bauerschaft Zwillbrock bei Vreden, Kr. Ahaus.

Bohnen

Wenn die Bohnenarten soweit waren, daß sie verarbeitet werden konnten, dann hatten es die Frauen und Mägde eilig. In langen Reihen saßen sie abends im Flett oder bei gutem Wetter auch unter den Bäumen, um Bohnen abzuziehen, zu schnibbeln oder zu brechen. Beim Schnibbeln bedienten sie sich der Schnibbelmesser. Um die einzelnen Bohnenscheiben möglichst gleichmäßig zu bekommen, war vor der Schneidefläche des Messers ein Drahtbügel angebracht. Die Schneide des Messers mußte oft nachgeschärft werden, da der säuerliche Saft der Bohnen den „Schnitt" angriff. Zu diesem Zwecke war der Bügel leicht abzunehmen. Geschnibbelt wurde in große „Balgeen" – Holzkübel, wie sie auch beim Waschen verwandt werden – in späteren Tagen nutzte man auch Zinkwannen. Waren die Bohnen geschnibbelt, so „stampe" man sie in Holzfässer oder in glasierte irdene Töpfe. Die Fässer bezog man durchweg vom Kaufmann. Sie waren meist als Heringsfässer benutzt gewesen. Sie wurden in den meisten Fällen unentgeltlich abgegeben. Die irdenen Töpfe kaufte man um wenig Geld beim Geschäftsmann. Beim Einstampfen wurde ab und an zum Haltbarmachen eine Handvoll Salz zwischen die einzelnen Lagen gestreut. Waren Faß oder Töpfe voll, so wurde ein festes Leinentuch darübergebreitet, mit einer passenden Holzplatte abgedeckt und darauf ein dicker Stein gelegt. Mehrfach wurden die gefüllten Fässer oder Pötte nachgesehen und mit einem feuchten Lappen gereinigt. Die Fässer und Pötte wurden nach der abgeschlossenen Gärung, so etwa um die Zeit des Getreidedrusches, angebrochen und mit viel Wurst und Speck ein kräftiger Eintopf für die „Daskelüe" bereitet.

Kohl

Ähnlich so behandelte man auch, jedoch später im Jahre, den Weißkohl. Viele Bauern schnitten mit einem großen – meist Brotmesser – die Kohlköpfe auf. Zunächst entfernten sie den „Pirk", das ist das feste Innenstück, um das sich die Blätter legen –, dann wurden die Einzelteile, halbe oder viertel Köpfe fein in lange Fasern geschnitten und nach Zusatz von Salz angemengt und eingestampft. Je nach Betriebsgröße benutzte man wiederum Fässer oder irdene Töpfe. Auf der eingestampften Masse bildete sich eine Zeitlang das Gärwasser. Es wurde abgeschäumt und von vielen Mädchen zum Waschen der Hände, weniger des Gesichtes benutzt. Es hatte den Einfluß auf die Haut, daß sie gebleicht und sehr sauber wurde. Benutzt wurde „dat Siuorkriut" erst, nachdem die erste Hausschlachtung durchgeführt war. Die eingesalzenen Kleinteile, als Pfötchen, Schnauze, Schwanz, Ohrlappen, aber auch mit großer Vorliebe die dicken Eisbeine der Jolante wurden beim Eintopf gern benutzt.

Um die Jahrhundertwende begannen in vielen Dörfern Bauern mit Einschneiden von Rotkohl. Diese Kohlart wurde des strengen Geschmackes wegen häufig leicht vorgekocht, „oawerbrüht" und mit geringem Essigzusatz zum Haltbarmachen eingestampft. Meist wurde das Gericht in Salatform bei größeren Familienanlässen gereicht. Die Aufbewahr-Gefäße waren aus glasiertem Steingut.

Knollen- und Wurzelgewächse werden meist in Sandkisten aufbewahrt, so: Möhren, Sellerie, Kohlrabi, Wurzelpetersilie, Schwarzwurzeln, u.a. Zu diesem Zwecke wird im Keller oder einem leicht abzudeckenden Platz auf der Diele oder im Flett ein kleiner Sandhaufen angelegt, und schichtweise werden die genannten Früchte in den Sand eingelagert. Als Würze an Suppen oder Eintopfgerichten finden sie dann gern Verwendung.

Abb. 137) Pflücken von Stangenbohnen. Pr. Oldendorf, Kr. Lübbecke.

Abb. 138) Schälen von Birnen. Dingden, Kr. Borken.

Abb. 139) Einmachtopf von 1860 aus Westerwälder Steinzeug. Hamaland-Museum Vreden, Kr. Ahaus.

Fleisch

Die Fleischvorräte wurde in alten Tagen durch die bekannten Gewürze Salz, Pfeffer, geringe Mengen von Salpeter, durch Ausnutzung des Windes und Rauches, der in den schornsteinlosen Bauernhäusern über die Diele abstrich, haltbar gemacht. An Schweine-, Rind- und Schaffleisch wurden große Mengen eingepökelt. Die zu diesem Zweck hergestellte Pökelbrühe bestand für je 50 kg Fleisch aus nachstehender Mischung: 16 l Wasser, 3,5 kg Salz, 375 g Kandiszukker und 50 g Salpeter. Die Masse wird in einem Topf – Gußeisen emailliert – gekocht. Die Mischung läßt man kalt werden. Nach Erkalten gießt man sie in den Pökeltopf und legt die Pökelmasse ein. Von Zeit zu Zeit legt man die Stücke in der Brühe um. Sie hielten sich während des ganzen Jahres, wenn immer gut nachgesehen wurde, um die trocken liegenden Stücke wieder in die Brühe einzubetten.

Zwetschgen

Eine Vorrätehaltung der Obstarten wurde auch schon vor der Jahrhundertwende betrieben. An erster Stelle wäre wohl an „Twätsken" zu denken. Große Mengen dieser köstlichen Obstart wurden in Form des Muses bewahrt. Hierbei kam oft der zu diesem Zwecke bestens gereinigte Viehkessel auf der Diele zur Verwendung. Mit wenig Wasser angesetzt, damit die Früchte sich auf dem Boden des Kessels nicht ansetzten, wurde bei kleinem Feuer die Masse zum Kochen gebracht. Möglichst langsam und lange mußte die Masse unter Umrühren mit dem „Röierstaaken" gekocht werden. Alle überflüssige Feuchtigkeit mußte dabei verdampfen. War die Masse im richtigen Zustande, stellte man das Rühren ein. Zuvor jedoch wurde die Glut vom Rost entfernt. Dann ließ man die gekochte Masse langsam so weit abkühlen, daß man sie in große Steintöpfe abfüllen konnte. Eine alte Frau der Nachbarschaft, die mit sechs Brüdern aufgewachsen war, erzählte von dieser Götterspeise nachstehendes: „Wenn unser Schwetskenmous fertig war, dann stand unter dem Tisch in der Dönze ein großer Pott. Wenn auch mit Brotaufstrich im übrigen sehr sparsam umgegangen wurde, so hieß es in der Zeit, wenn der Pott unterm Tische stand, seitens der Mutter: Jungens niu striöket man orrich upp. Dat Mous mott frisk uppäten weeorn, anners schlait et iut. Däi Schimmel mäoket et nich bääter! Vör

Abb. 140) Keller mit eingewecktem Obst und Gemüse. Raum Brilon.

ollen dröwet ji dat ümmeröiern nicht vörgetten! Das ließen sich meine Brüder nicht zweimal sagen." Meist setzte das Essen des Muses um die Zeit ein, wenn im Wieme schon Schmalhans Küchenmeister war und die Abende schon länger wurden.

Beeren

Um die Zeit wurden Brombeeren und deren Blätter gesammelt. Die Beeren lieferten einen schmackhaften Saft, der durch Pressen auf kaltem Wege gewonnen wurde. Aus den Blättern, die auf Schränken an der Diele oder auf dem Balken getrocknet wurden, wußten unsere Alten einen vorzüglichen Tee gegen Erkältungskrankheiten herzustellen. Noch heute (1960) werden solche Tees winters in vielen Haushalten getrunken.

Birnen

Aus einer besonderen Birnenart – Herbstforelle hieß sie im Volksmunde – konnte man durch Kochen der reifen Frucht ohne Zuckerzusatz ein wohlschmeckendes Kraut gewinnen. Es hieß Biörnkriut. Die gleiche Birnenart eignete sich auch vorzüglich zum Trocknen. Das geschah vielfach im eigenen Backofen, wo nach Ausziehen der letzten Brote Holzhörden mit geviertelten Birnen getrocknet wurden. Ebenso wurden auch Platten mit entsteinten Pflaumen oder auch mit heilen Pflaumen eingeschoben. Beide getrockneten Früchte in eine sogenannte Klüzkensuppe getan, gaben diesem Gericht einen guten Geschmack. Auch für gedeckten Obstkuchen, – der Boden wurde mit den Früchten bedeckt, dann wurde über die aufgelegten Früchte ein leichter Hefeteig gegossen – wurden manche Fruchtarten verwendet.

Äpfel

Die besten Äpfel wurden eingelagert. Auch da kam es sehr auf die Auswahl der reifen Früchte an. Viele Leute legten diese Äpfel ins Korn. Manche wickelten die einzelnen Früchte nach Art der Apfelsinen in kleine Papierbogen und legten sie auf Schränke oder in die verschiedenen Schubladen. Eine besondere Art sah ich bei dem Schwiegervater meiner Schwester in Wehdem. Er suchte die Äpfel sehr genau aus, legte sie schichtweise in Hede (Flachsabfall) in eine große Tonne, die er mit einem Gemenge aus Lehm und Häcksel verschloß. Im Sommer des anderen Jahres waren in vielen Jahren die Äpfel noch so frisch, daß dadurch der Anschluß an die neue Ernte gewonnen war.

Kirschen wurden vielfach zur Erstellung von Saft, Gelees oder in Gläser in einer sauersüßen Brühe aus Wasser, Essig, Zucker, Zimtstangen eingelegt. Ähnlich verfuhr man auch mit Pflaumen. All die auf diese Art konservierten Früchte erfreuten sich bei der festlichen Tafel großer Beliebtheit.[17]

Abb. 141) Gedroschenes Korn auf dem Boden. Raum Brilon.

Abb. 142) Gefüllte Kornsäcke auf dem Boden. Raum Brilon.

Abb. 143) Säcke mit Korn werden auf den Boden geschafft. Frille, Kr. Minden.

Bäuerliche Pferdehaltung und Pferdearbeit im Altkreis Lübbecke

Vorweg möchte ich bemerken, daß ich auf meinem kleinen Betrieb von 13 Morgen nie ein Pferd gehalten habe. Mein Bericht stützt sich auf persönliche Kenntnisse aus dem nachbarlichen Betrieb Friedrich Vogt, Fabbenstedt 37, dessen Pferde ich oft in Anspruch genommen habe, und dem Betrieb unseres derzeitigen (1968) Bürgermeisters Friedrich Unger, Fabbenstedt 23.

Beide Betriebe haben eine Größe von etwa 12 - 15 ha. Bei Unger waren seit jeher zwei Pferde vorhanden, da die Ländereien zum großen Teil weit entfernt lagen. Ich kann mich noch aus der Jugendzeit erinnern, daß Vogts nur ein Pferd besaßen. Hier war das Ackerland nahe am Hofe, und beim Pflügen wurden auch oft Kühe mit angespannt. Kurz vor dem ersten Weltkrieg hatten sie aber schon zwei Pferde, die nach der Einführung der Mähmaschine nach dem Krieg dann auch weiter behalten wurden. Nachdem vor Jahren ein Trekker angeschafft wurde, haben sie jetzt nur noch ein Pferd, das allerdings nur noch selten zur Arbeit herangezogen wird. Etwa zwischen 1930 – 1950 hat die Pferdehaltung in unserem Dorf einen erheblichen Aufschwung genommen. Zu dieser Zeit haben viele Kleinbetriebe zwischen 5 – 10 ha, die vorher mit Kühen wirtschafteten, sich ein Pferd angeschafft, um die Milchkühe zu entlasten und die Mechanisierung der Ernte voranzutreiben (Einpferdmähmaschine mit Antriebsmotor, Heuwender, Pferderechen). Durch das Anbaumähwerk des Treckers und neuzeitliche Erntemaschinen, insbesondere auch die mindestens 90%ige Benutzung des Mähdreschers in der Getreideernte ist die Pferdehaltung mehr und mehr zurückgegangen und vielfach nur noch als Hobby zu betrachten.

Abb. 144) Bauer beim Eggen mit zwei Pferden. Burgholdinghausen, Kr. Siegen. Um 1955.

Abb. 145) Bauer beim Walzen des Ackers mit zwei Pferden. Die Pferde tragen das im Sauerland übliche Kumtgeschirr. Raum Brilon.

Abb. 146) Pferd mit Sielengeschirr. Bischofshagen, Kr. Herford. Um 1930

Ställe

Um die Jahrhundertwende war bei uns noch allgemein das Fachwerkhaus (Menschen und Vieh unter einem Dach) üblich. Eine Einteilung des Hauses war im Prinzip gleich, ein Unterschied bestand nur in der Größe der einzelnen Teile je nach Größe des Betriebes. In beiden von mir benannten Betrieben befanden sich die Pferdeställe vom Hofeingang gesehen links (Osten); es ist aber nicht anzunehmen, daß dies eine besondere Sitte war, sondern wohl mehr auf die Lage des Hofes zur Straße zurückzuführen war.

Die Viehställe waren damals alle als Tiefställe eingerichtet. Die Pferdeställe sind es bei uns immer noch, weil der Bauer den Pferdemist wegen seiner großen Wärmeentwicklung nicht gern auf den Haufen packt, sondern so weit wie möglich direkt vom Stall aufs Feld bringt. Daraus ergibt sich, daß ausgemistet wird, wenn der Stall übervoll ist oder ein Feld gedüngt werden soll. Als Streu wurde vor 60-70 Jahren oft Heidekraut von unkultivierten Flächen verwendet, da Stroh damals noch Mangelware war. Pferdedünger wurde bevorzugt für Möhren und Runkelrüben angewendet.

Arbeit

Die Arbeiten mußte bei unseren kleinbäuerlichen Betrieben meist der Bauer (Jungbauer) machen, da es für einen Knecht gewöhnlich nicht reichte. Allerdings wurde bei uns von jeher auch die Nachbarschaftshilfe stark praktiziert. Der eine half mit menschlicher, der andere mit tierischer Muskelkraft.

Die Arbeit der Pferde war zum größten Teil Ackerarbeit, bei der ersten Mechanisierungsstufe kamen noch Erntearbeiten (Mähmaschine, Wender, Pferdeharke) dazu. Bei Bauten halfen sich die Bauern gegenseitig mit Sand- und Steinefuhren. Das Ausdreschen von Rübsen (Rübsamen) oder der Samenkapseln des Flachses (Knuttl'n) wurde schon mal mit Pferden gemacht, hatte aber nur geringe Bedeutung. Heute gibt es nur noch selten Betriebe, wo das Pferd alle Arbeiten machen muß. Z.T. wird noch die Drillmaschine mit Pferden bespannt und das Nacheggen mit dem Pferd ausgeführt. Heuwender und Harke sind ebenso noch öfters pferdebespannt. Alle diese Arbeiten werden aber mehr und mehr vom Trecker mit seinen neuzeitlichen Anbaugeräten übernommen. Soweit unsere Bauern Kutschwagen besaßen, wurden selbstverständlich die Arbeitspferde davor gespannt, dabei wurde ihnen in besonderes Kutschgeschirr angelegt.

Futter

Solange unsere Pferde wirklich Arbeitspferde waren, wurden sie üblicherweise nicht auf die Weide getrieben, während sich heute manches Pferd im Sommer sein Futter auf der Weide suchen muß. Damals war der Hafer das Pferdefutter. Es wurde meist rationiert, d.h. mit Strohhäcksel vermischt gefüttert. Man mischte also eine bestimmte Menge Hafer mit einer unbestimmten Menge (Augenmaß) Strohhäcksel, welches mit einem Sieb aus der Futterkammer entnommen wurde und schüttete es in den Trog. Die Häckselmenge wurde meist nicht zu groß genommen, insbesondere wenn Jungbauern oder Knechte für die Pflege zuständig waren.

Es war allgemein bekannt, daß Hafer von innen besser putzte, als Striegel und Kardätsche von außen; und ein blankes, wohlgenährtes Pferd war nun einmal der Stolz jedes Jungbauern und Pferdeknechtes. Da wurde manchmal heimlich Hafer vom Kornboden geholt, um den Pferden etwas mehr geben zu können, auch wenn der Junge sich später mit diesem Hafer selbst quälen mußte, weil die Pferde „teo wiälig“ (übermütig) wurden und über die Stränge schlugen. Gefüttert und getränkt wurde allgemein dreimal am Tage, morgens, mittags und abends. Morgens wurde gleichzeitig das Putzen vorgenommen. Es wurde von demjenigen ausgeführt, der mit den Pferden arbeitete.

Außer Hafer und Häcksel erhielten die Pferde Heu in Raufen zur beliebigen Aufnahme. Bekam der Akkersmann sein Frühstück, so waren auch für die Pferde einige Schnitten Schwarzbrot dabei. Das Häckselschneiden wurde bis zur Jahrhundertwende mit der Schneidelade gemacht, dann kamen die Messerschwungradmaschinen und die Trommelmaschinen mit Göpelantrieb auf.

Das Häcksel wurde in der Häckselkammer gelagert und konnte durch eine Durchreiche vom Futtergang des Pferdestalles entnommen werden. Der Vorratsbehälter für den Hafer (Tonne oder dergl.) stand ebenfalls in erreichbarer Nähe.

Abb. 148) Häkselschneiden mit der Schneidelade. Gescher, Kr. Coesfeld.

Abb. 147) Segeltucheimer zum Tränken von Pferden. Weseke, Kr. Borken. Jetzt Hamaland-Museum Vreden, Kr. Ahaus.

Putzen

Zum Putzen wurden Striegel und Kardätsche, für Mähne und Schwanz ein Kamm benutzt. Ausgekämmte Haare gab es kaum, und sie wurden sicher nicht aufbewahrt. Für abgeschnittene Mähnen- und Schwanzhaare interessierten sich Lumpensammler und Hausierer in Bürstenwaren, teils wurden auch von Bauern

Abb. 149) Brennholzfuhre mit Pferdegespann auf dem Wege von Nienberge nach Münster.

Abb. 150) Bauer Gosling beim Pflügen mit zwei Pferden. Catenhorn, Kr. Steinfurt. Herbst 1937.

selbst einfache Bürsten angefertigt. Verwendung fanden die Haare außerdem bei der Herstellung von Matratzen. Auch gab es früher ein Gewebe aus Roßhaar, das vom Schneider bei der Anfertigung von Jacken und Mänteln zur Versteifung bestimmter Teile gebraucht wurde.

Abb. 151) Pferd mit Sielengeschirr. Gescher, Kr. Coesfeld.

Pferdekauf

Zum Thema Pferdekauf möchte ich mich in erster Linie auf meinen Nachbarn Fr. Vogt beziehen, dessen Gewohnheiten ich in 50jähriger Zusammenarbeit kennengelernt habe. Er war ein passionierter Pferdefreund und hatte großes Geschick, Pferde zum Ziehen anzulernen. Bei der Pferdezucht hatte er weniger Glück, es blieb bei Versuchen. Aber fast jedes Jahr konnte ihm „Bohnen August", der Pferdehändler aus Lübbecke, einen 1 ½jährigen in den Stall bringen, um ein 2 ½jähriges, zugfestes Pferd gegen entsprechenden Mehrpreis einzutauschen. War der Gewinn, gemessen an der Mühe, auch nicht groß, so machte es ihm doch Freude. Natürlich wurden auch die Märkte von ihm besucht, der Blasheimer Markt (Nähe Lübbecke) Anfang September regelmäßig und gelegentlich auch der Brockumer Markt im Kreis Grafschaft Diepholz Anfang November. Letzterer war früher der größte Pferdemarkt weit und breit. Aber auch der „Blasheimer" hatte große Bedeutung. Mein Nachbar hat aber von diesen Märkten kaum Gebrauch gemacht, weil für ihn die Frühjahrsmonate günstiger waren zum Anlernen eines Neulings.

Abb. 152) Pferdemarkt in Düstermühle, Kr. Ahaus, 1952. Vorn Pferde, dahinter Rummelplatz mit „Billigem Jakob".

Abb. 153) Händler vermittelt zwischen Käufer und Verkäufer auf dem Pferdemarkt in Düstermühle und führt auch den Handschlag zusammen. Er erhielt 1952 beim Abschluß des Handels 20 - 25 DM.

Abb. 154) Pferdestall auf der Deele. An der Tür hölzerner Haken für Geschirr. Hof Orriens, gt. Diekert. Bauerschaft Zwillbrock bei Vreden, Kr. Ahaus.

Alte Pferde, deren Arbeitskraft zu Ende ging, wurden meist rechtzeitig im Tauschhandel durch jüngere ersetzt. Ein Altenteil gab es trotz aller Liebe und Anhänglichkeit für Pferde nicht. Wohl aber gab es einen Pferdeversicherungsverein auf Gegenseitigkeit, der unser Amt Alswede und die angrenzenden Gemeinden umfaßte und Ausfälle durch Krankheit oder Unfall zum Taxwert entschädigte. Daß Pferdefleisch als Nahrungsmittel unbeliebt war, hatte mehrere Gründe:

1. Das Pferd als Freund und Helfer war dem Bauern besonders ans Herz gewachsen.
2. Das Pferd war nur ein Arbeits-, kein Masttier und wurde nur geschlachtet, wenn es alt, krank oder sonstwie arbeitsunfähig war.
3. In der näheren Umgebung gab es keine Pferdeschlachtereien und: „Watt däi Bure nich kinnt, datt frätt häi nich!"

Reitpferde hat es in den Berichtsbetrieben nicht gegeben, wenn mal die Jungbauern mit ihren Ackerpferden einen kleinen Ritt machten, dann ritten sie ungesattelt.

Abb. 155) Pferd mit Kumtgeschirr vor Kartoffelreihenzieher. Feudingen, Kr. Wittgenstein.

Abb. 156) Pferdestall auf der Deele. Davor Pferdetrog und darüber Raufe. Links Hafertruhe. Hof Morbeck, Legden-Isingort, Kr. Ahaus.

Geschirr

An Geschirren gab und gibt es bei uns nur das Blattgeschirr (Kutschgeschirr in eleganterer Ausführung). Welche Gründe dafür maßgebend waren, ist mir nicht bekannt. Das Hintergeschirr war hier in der Ebene weniger im Gebrauch, mit ihm konnte ein leichtes Gefährt ohne Bremse durch das Pferd zurückgehalten werden. Bekannt waren die Hintergeschirre bei den Fuhrleuten, die Bruchsteine und Holz aus dem Berg holten. Hier dienten sie zur Unterstützung der Bremsen, die bei den großen Lasten und meist holprigen Wegen stark beansprucht wurden. Das Hintergeschirr mit zwei starken Riemen wurde von hinten um die Leine gelegt und an das Zuggeschirr angeschnallt. Wenn sich das Pferd nun zurücklehnte, konnte es seinem Körpergewicht entsprechend eine beträchtliche Last zurückhalten, ohne daß durch die nachdrückende Last das Geschirr vom Pferdekörper abgeschoben wurde.

Neue Geschirre gab es nur selten, so daß die Bezugsquellen nicht genau festzustellen sind. Mit ziemlicher Sicherheit kann man jedoch annehmen, daß der Dorfschuster ebensogut neue Geschirre anfertigte, wie er die alten reparierte. Größere Reparaturen wurden auf dem Hofe ausgeführt, dann wurden alle Riemen losgeschnallt, ausgebessert, mit warmem Wasser gesäubert und nach dem Trocknen mit Tran eingefettet. Aufbewahrt wurden die Geschirre auf entsprechend langen Stöcken, die in die Eichenständer des Hauses eingelassen waren (Einzahl: „Upp'n Topp'n").

Anschirren

Beim Anschirren mußte das Pferd den Kopf zwischen Rückenpolster mit den zugehörigen Riemen und dem Blatt durchstecken, so daß das ganze Geschirr gleich richtig auf dem Rücken lag. Auch das Kopfstück mit dem Mauleisen (Taum) wurde zunächst auf den Hals geworfen. Dann wurde der Schwanzriemen angelegt, indem die Schlaufen des Riemens über die zusammengefaßten Haare des Schwanzes geschoben wurden. Darauf wurde der Bauchriemen (Balligräim) fest angezogen, damit das Rückenpolster und so auch das ganze Geschirr nicht verrutschen

Abb. 157) Kumtgeschirre. Raum Brilon.

Abb. 158) Beim Hufschmied. Kr. Lübbecke.

konnte, während der Sprungriemen nur lose geschnallt wurde. Zuletzt wurde dann das Kopfzeug angelegt.

Besondere Anlässe

Neben der engeren Verwandtschaft war die Nachbarschaft die festeste Bindung im Lebensablauf. Jede Familie hatte einen bestimmten Nachbarn, „däi datt Föern harre", er brachte die Braut in ihr neues Heim und brachte auch die Verstorbenen zur letzten Ruhe auf den Friedhof.

Bevor es hier Kutschwagen gab, bis 1900 und darüber hinaus, wurde für Hochzeiten der „gröene Flächtenwagen" benutzt. Er war das beste Gefährt auf dem Hofe und hatte vielfach auch abnehmbare Spriegel und Plane (Schlaglakenwagen) für schlechtes Wetter. Dieser Wagen ebenso wie später die Kutsche wurde mit zwei Pferden bespannt. Reiter traten bei Hochzeiten nicht in Erscheinung. Die Nachbarmädchen schmückten den Wagen rundherum mit einem Grünkranz, der mit Blumen und Bändern aus Seidenpapier verziert war. Der Kutscher erhielt eine Schleife an den Hut und an die Peitsche. Die Pferde bekamen einen Kranz mit Schleifen um den Hals, und an das übrige Geschirr kamen außerdem einige Schleifen.

Da bei solchen Fahrten immer mit „Zwischenfällen" zu rechnen war, hatte der Hochzeitskutscher einen Beifahrer neben sich auf dem Bock, der mit Getränken ausgerüstet war. Auf dem Rückweg von der Kirche ins Hochzeitshaus passierte es nämlich oft, daß plötzlich eine Barrikade den Weg versperrte. Sie konnte nur durch einen kräftigen Schluck beseitigt werden. Man nannte dies „schatten", es war vielleicht abgeleitet von brandschatzen. Die Kinder machten das „Schatten" auf ihre Art, manchmal mit Seilen, die sie kurz vor den Pferden zur Erde fallen ließen oder mit bunten Stöcken. Zur Belohnung wurden ihnen kleine Geldstücke oder später Bonbons auf die Erde geworfen.

Für Beerdigungen wurde bis zum Jahre 1910 der Erntewagen (Ringsenwagen) benutzt. Dieser wurde regelmäßig mit vier Pferden bespannt ohne Rücksicht auf die Besitzerverhältnisse. Der zuständige Nachbar spannte nicht nur seine eigenen Pferde an, sondern sorgte auch dafür, daß das andere Gespann zur Stelle

Abb. 159) Jagdwagen, „Körwagen". Wurde vom Hofbesitzer und seiner Familie zu Kirchfahrten und bei besonderen Gelegenheiten, wie Hochzeiten, Taufe, Begräbnissen benutzt, auch wohl zu Fahrten in die Stadt. Hier zur Beerdigung beim Begräbnis Wigger am 16. Juni 1931 als Leichenwagen. Catenhorn, Kr. Steinfurt.

Abb. 160) Beerdigung eines Sattelmeiers. Der Sarg wird auf den mit vier Pferden bespannten Ringsenwagen gehoben. Kreis Herford, 20er Jahre.

war. Die Familie des Trauerhauses brauchte sich um nichts zu bemühen. Die Fuhrleute gingen zu Fuß, während auf dem Wagen vor dem Sarg vier Frauen aus der nächsten Verwandtschaft des oder der Verstorbenen auf zwei Leinensäcken saßen, die mit Heu vollgestopft waren. Um 1910 wurde in unserem Dorf gemeinschaftlich ein Totenwagen angeschafft, dessen Kosten durch eine Umlage aufgebracht wurden. Zu diesem Wagen waren schwarze Laken und Kopfhauben für die Pferde vorhanden, die es beim Erntewagen noch nicht gab. Manche Pferde scheuten aber, so daß keine neuen Laken angeschafft wurden, als die alten unansehnlich geworden waren.

Vor ein paar Jahren hat die Kirchengemeinde einen PKW-Anhänger zur Verfügung gestellt. Die Trauergäste werden mit dem Bus zum Friedhof gebracht, da Trauerzüge wegen des zunehmenden Verkehrs immer schwieriger werden. Wir haben auch eine Friedhofskapelle erhalten, in der die Trauerfeiern stattfinden. Diese Entwicklung war nicht aufzuhalten, denn die im Laufe der Jahre zahlreich errichteten Siedlungshäuser bieten für Trauerfeiern nicht genügend Platz. Mancher Ältere mag es bedauern, daß die Traditionen aus der Zeit rein landwirtschaftlicher Besiedlung unseres Kirchspiels aufgegeben werden mußten.[18]

Abb. 161) Kutschen vor der Kirche bei der Hochzeit Anton Storm-Gaußling und Anny Meyer zu Halendorf. Laer bei Melle, 1953. Pferde mit den leichten Kutschgeschirren.

Abb. 162) Hochzeit in Biemenhorst, Krs. Borken. Abholen der Braut mit der „Hüwekaore" am Tag vor der Hochzeit. Aufnahme aus den 30er Jahren.

Vom Flachs zum Leinen in Minden-Ravensberg

Abb. 163) Flachsernte. Der Flachs wird ausgerupft und in Bündeln abgelegt. Brockhagen, Kr. Halle, Herbst 1935.

Abb. 164) Bündeln und Aufstellen des Flachses zum Trocknen. Brockhagen, Kr. Halle, Herbst 1935.

Die Leinpflanze und ihr Anbau

Die Samen des Flachses heißen Leinsamen oder kurz „Lein". Das Korn ist linsenförmig abgeflacht, länglich oval, an einem Ende etwas zugespitzt und in reifem Zustande von brauner Farbe. An den Boden stellt die Pflanze keine besonderen Anforderungen. Als Vorfrucht sind Hafer, Sommergerste oder einjähriger Klee geeignet. Wichtig ist, daß der Boden unkrautfrei ist. Lein darf erst nach 7 – 9 Jahren wieder auf dem gleichen Felde angebaut werden.

Im Herbst wurde das Feld tief gepflügt, im Frühjahr geeggt und geschleppt, damit es möglichst feinkrümelig wurde. „Flaßland" ist besonders fein und fest. Ausgesät wurde „am hundertsten Tage" des Jahres, also im April, nach Wetterlage auch bis in den Mai hinein. Das Saatgut mußte frei sein von Unkrautsamen. Für einen Morgen (25 a) Anbaufläche rechnete man 60 – 70 Pfund Leinsamen. Dünne Saat gab verästelte, grobe Pflanzen und Fasern, dichte Saat dagegen schlanke und zartfaserige Pflanzen; Regen unmittelbar nach der Aussaat konnte den Boden so verkrusten, daß die zarten Keime nicht durchbrechen konnten. Man half den Pflänzchen durch Walzen des Feldes, daß eine Krümelschicht entstand.

Trotz der Reinheit des Bodens und trotz der sorgfältigen Auswahl des Saatgutes keimte in dem feinkrümeligen Boden eine große Menge von Unkraut. So war die nächste wichtige Arbeit das Jäten, „dat Wöein". Dabei setzte man sich flach auf den Boden. Daß die Leinpflänzchen dabei an die Erde gedrückt wurden, schadete ihnen nichts, sie richteten sich nach kurzer Zeit wieder auf. Beim Rutschen auf den Knien wären dagegen viele zerquetscht worden. Das zweite Jäten fand 14 Tage später statt. Dann waren die Pflanzen etwa handlang. Das Flachsjäten bildete einen besonderen Abschnitt im jährlichen Arbeitspensum des Bauern. Die Heuerlinge waren oft vertragsmäßig zur Mithilfe hierbei verpflichtet.

Den nächsten Abschnitt in der Entwicklung des Flachses überließ man dem Herrgott.

Die Ernte konnte zeitig beginnen, d.h. bei beginnendem Gelbwerden der Blättchen. Mit einer frühen Ernte erzielte man gute Fasern, aber minderwertige Samen, da diese nicht ausgereift waren. Eine Späternte brachte reife, gebräunte Samen, aber geringwertigere Fasern. Bei der Ernte wurden die Flachsstengel mit der Hand ausgezogen (Flaßliuken). Die Wurzeln blieben an den Stengeln. Das Ziehen mußte sorgfältig geschehen, damit die Stengel schön glatt lagen und möglichst nicht geknickt wurden. Ein Bündelchen von der Größe, daß es etwa mit der Hand umspannt werden konnte, bildete bei der Bearbeitung bis zum Spinnen eine Arbeitseinheit. Mit einigen Flachsstengeln wurde es zusammengebunden.

Riffeln

Nach 6 - 8 Tagen, wenn er genügend getrocknet war, holte man den Flachs erstmalig unter Dach. Man entfernte die Samenkapseln. Das geschah mit Hilfe der Riffel. Auf einem Balken war ein großer Kamm aus Eisen angebracht, dessen Zinken etwa 50 cm lang waren und ca. ½ cm Abstand voneinander hatten. Den Riffelbalken konnte man an einer besonderen

Vorrichtung an der Dehle so befestigen, daß die Zinken nach oben standen. Man nahm nun ein Flachsbündel mit dem Wurzelende in die Hand, schlug es mit einem Schwung in die Zinken und zog es zurück. Auf diese Weise wurden die Samenkapseln (de Knudd'n) entfernt. Der Vorgang wurde so oft wiederholt, bis alle entfernt waren. In der Regel stand auf jeder Seite der Riffel ein Mann. Beide arbeiteten gleichzeitig (an verschiedenen Stellen der Riffel). Die Samenkapseln wurden zum Schluß gesammelt und auf einer besonderen Bühne der „Knuddnbühn'n" aufbewahrt und zu gelegener Zeit mit dem Flegel ausgedroschen.

Abb. 165) Riffeln. Abstreifen der Samenkapseln von den Flachspflanzen mit Hilfe des Riffelkammes. Ladbergen, Kr. Tecklenburg. Um 1937.

Abb. 166) Einlegen der Flachsbünden in die Wasserkuhle zum „Röten" (= Rotten, Verrotten), auch „Rösten" genannt. Nach dem Einlegen wird Wasser eingelassen. Preußisch Oldendorf, Kr. Lübbecke, 30er Jahre.

Rösten
Nun wurden die Flachsstengel auf einen Wagen geladen und zu dem Röstplatz (Reudeplaß) gefahren. Früher wurde wohl ausschließlich die Wasserröstung angewandt. Tage vorher hatte man die Reutekuhlen gereinigt und aus einer höher gelegenen Quelle Wasser hineingeleitet, zunächst probeweise, um zu sehen, ob der Teich auch Wasser hielt. War alles in Ordnung, dann wurden die Flachsbündel hineingepackt. War alles „untergebracht", kamen Bohlen und Bretter darüber, die mit Steinen beschwert wurden. Weiches, also kalkarmes Wasser, gab bessere Fasern als hartes. Nach 6 – 10 Tagen löste sich die Faser. Die Röste war beendet.

Wurde der Flachs für gut befunden, war er „röei'e", dann wurde morgens das Wasser vom Teiche abgelassen, und am nachmittag wurde er „ausgepackt", keine schöne Arbeit, nicht für die Hände und nicht für die Nase. Auf einem freien Felde breitete man ihn aus, und nach gründlicher Trocknung lagerte man ihn auf der „Flaßbühn'n", bis die weitere Bearbeitung im Winter begann.

Die Tauröste dauerte 2-6 Wochen und ging so vor sich, daß man die Stengel auf einem Stoppelfeld dünn ausbreitete und sie dem Wetter (Sonnenschein, Tau, Regen und Wind) aussetzte. Dadurch wurde das Stroh im Flachsstengel ebenfalls mürbe und brüchig. Häufiger Wechsel zwischen Sonnenschein und Regen beschleunigte den Vorgang.

Abb. 167) Einrösten des Flachses in der Röstekuhle. Wallenbrück.

Abb. 168) „Boken" in der Bokemühle. Stampfen des Flachses, wobei sich das mürbe Stengelholz von den Fasern löst. Suttdorf bei Wallenbrück, Kr. Herford, 1911.

Buken
War die Herbstbestellung beendet und das Wetter zum Dreschen nicht günstig, auch wenn sonst Arbeitslükken entstanden, dann kam der Flachs an die Reihe. Auf der Dehle oder im Backs stand die „Bukebank", aus dicken Buchenholzbohlen zusammengefügt. Auf der Bühne waren einige Holzhämmer, „Bukeschlagen", aufbewahrt. Sie wurden jetzt geholt und ihre Stiele auf ihre Festigkeit geprüft. Die Flachsbündel waren auf der Dehle neben der Bukebank aufgeschichtet. Zu zweit oder dritt standen die Männer an jeder Seite der Bank. Die Flachsbündel lagen darauf und wurden durch Schnüre, die man der Länge nach über die Bank gespannt hatte, in ihrer Lage festgehalten. Nun ging es mit dem Bukehammer (Bukeschlagen) darüber her, als wenn es dem Bösen gegolten hätte! Man erreichte durch dieses „Buken", daß die durch das Rösten und Trocknen schon mürbe gewordenen Holz- und Strohteile sich mehr und mehr von den Fasern lösten.

Racken
Die „gebukten" Flachsbündel lagen wieder aufgeschichtet an der Dehle, und die neuen Arbeitsgeräte, die „Racken", waren aufgebaut. Bis dahin hatten sie ihren Platz bei den Bukeschlagen und Spinnrädern auf der Bühne gehabt. Mehrere Racken oder Brechen standen, mit Steinen beschwert, nebeneinander. Der Arbeitsgang vollzog sich in folgender Weise: In die linke Hand nahm man das Flachsbündel, die rechte faßte den Handgriff und hob die „Schere" hoch, der Flachs wurde mit einem Schwung unter die messerartigen Bretter der Schere gebracht und un-

Abb. 169) Handboken. Ehe die Bokemühle aufkam und bei kleineren Mengen hat man mit der Hand gebokt. Spenge, Kr. Herford, 1911.

Abb. 170) Brechen, „Braken" oder „Racken" des Flachses mit der Handbreche. Hierbei wurden die holzigen Stengelteile gebrochen und fielen beim Durchziehen durch die Breche heraus. Bei Spenge, Kr. Herford, 1911.

Abb. 171) Das Brechen mit sog. „Ruckrack". In den 20er Jahren schafften sich die Bauern vereinzelt die Maschinenbreche an. Die Pflanzen wurden im Vor- und Rückwärtsgang einige Male durch die Walzen gedreht, deren Längsrillen ineinandergreifen. Dabei wurden die holzigen Pflanzenteile völlig gebrochen. Hof Hormann, Kutenhausen, Kr. Minden, 1927.

Abb. 172) Frau beim Flachshecheln. Das in den Hechelbock geschobene Hechelbrett hat zwei Hechelbüsche, einen mit weitstehenden Stahlstiften für das Grobhecheln, einen mit engerstehenden für das anschließende Feinhecheln. Beim Hecheln werden die restlichen holzigen Teile ausgekämmt und die Fasern in dünne Fäden zerteilt. Bei Spenge, Kr. Herford, 1911

Abb. 173) Das Ribben des Flachses. Bei Spenge, Kr. Herford, 1911.

ter fortwährendem Zuschlagen der Schere nach vorne gezogen. Das wiederholte sich mehrere Male, zuletzt wurde das Bündel bei jedem Zuschlagen der Schere einmal schnell durchgezogen. Dabei waren die Holzteile in kleine Stückchen zerbrochen und fielen zu Boden. War die eine Seite des Bündels fertig, drehte man es um und wiederholte den Vorgang. Die abgefallenen Strohteile nannte man „Schiewe".

Hecheln

Nun kam das Gerät mit den vielen Nadeln auf einer runden Scheibe, die wieder auf einem ca. 70 cm langen verzierten Brette befestigt war. Die Frauen – es war meist Frauenarbeit – saßen auf einem Stuhle davor, und das Flachsbündel wurde mit einem Schwung gegen die Zinken geschlagen und fortgezogen , jede Seite etwa 10 mal. Beim seitlichen Fortziehen wurden die etwa noch anhaftenden Strohteilchen ausgekämmt und die Fasern weich gemacht. Die beim Hecheln anfallenden kurzen und krausen Fasern, die Hede (Hein), wurde von Zeit zu Zeit aus den Zinken entfernt und in einem Sack oder einer Tonne aufbewahrt, um später zu Seilen und Stricken verarbeitet zu werden. Bei dieser Arbeit mußte man vorsichtig sein, wie leicht konnte man mit der Hand in die Nadeln schlagen! Da hierbei wenig Geräusch entstand, konnte fleißig erzählt werden.

Ribben

Wollte man feine seidige Fasern haben, so wurden sie noch geribbt. Dazu gebrauchte man ein Stück Kernleder, etwa 50 mal 50 cm groß und das Ribbeeisen. Das Stück Leder, den „Ribbelabb'm", legte man sich auf die Knie, hielt darauf das Flachsbündel und schabte mit dem Ribbeeisen darüber. Durch mehrmaliges Drehen und Wenden sorgte man dafür, daß jede Faser getroffen wurde.

Schwingen

Die Vorrichtung bestand aus einem etwa 1,80 cm langen und 40 cm breiten senkrechtstehenden Brett, das auf einem Gestell befestigt war. Man stellte sich vor die senkrechte Kante, in der in Schulterhöhe ein Ausschnitt war. Dahinein hielt man mit der linken Hand das Flachsbündel. Mit der anderen Hand schlug man mit der Schwinge an dem herabhängenden Flachsbart herunter. Die Schwinge war ein etwa 50 cm langes Holzbrett mit einem Griff. Durch häufiges Drehen des Flachses und fleißiges Schlagen wurde die Faser noch seidiger. Vom sorgfältigen Ribb'm und Schwingen hing die Güte des Leinens zum großen Teile ab. Nach dem Schwingen wurde das Bündelchen nach Art des Wollgarns zusammengedreht und bekam den Namen „Docke".

Abb. 174) Das Schwingen des Flachses. Ladbergen, Kr. Tecklenburg, um 1937.

Spinnen

Flachs hat bis zu 15 cm lange Fasern. Beim Spinnen kommt es darauf an, daß diese möglichst gleichmäßig zu einem Faden verarbeitet werden. Große Zugfestigkeit erreicht man durch den Drall, die Drehung um die Längsachse des Fadens. Den Drall und das Aufspulen besorgt das Spinnrad, die Gleichmäßigkeit des Fadens liegt in der Hand des Spinners und der Feinfühligkeit seiner Finger. Er saß vor seinem Rade, das Tretrad rechts und den Spinnrocken links. Zu den Vorarbeiten gehörte das Auftakeln des Spinnrockens (befestigen der Flachsdocken am Rocken). Das erforderte eine gewisse Kunstfertigkeit. Das Wichtigste am Rade war die Spule mit der Flucht. Eine Tretvorrichtung, ähnlich der an der Nähmaschine, setzte das Schwungrad durch einen Faden, der beim Tretrade doppelt, aber über Spule und Flucht durch getrennte Rollen lief, in Bewegung. Das war erforderlich, weil die Flucht sich etwas langsamer drehen mußte als die Spule und die Spannung des Treibfadens für beide Teile sich selbständig regulierte. Der Grad dieser Spannung war wichtig, damit der Spinner durch langsameres Nachgeben des Spinnfadens den Drall noch regulieren konnte. Eingestellt wurde die Spannung durch eine Holzschraube am linken Stirnende der „Bank“ (hier nannte man sie „Bock“).

Der Spinner mußte achtgeben, daß der Drall des Fadens nicht durch die Finger lief und sich bis in den Rocken verfing, daß der Faden gleichmäßig dick wurde und der Drall nicht eine gewisse Grenze überstieg. Im letzteren Falle gab es Knoten im Faden, sogenannte „Drullhermkes“, die nicht zu entfernen waren. Der Drall entstand dadurch, daß der Faden durch die hohle Achse über die Flucht zur Spule lief. An den beiden Armen der Flucht waren etwa 10 Häkchen angebracht, sie bezweckten, daß der Faden gleichmäßig aufgespult wurde. Man begann beim ersten Häkchen, hatte man einige Lagen aufgespult, kam das nächste Häkchen an die Reihe usw.

Als Zubehör hing an jedem Rade ein kleines Fläschchen mit Tran und einer Hühnerfeder darin, damit wurden Flucht und Radzapfen geschmiert. Wer es nicht dranhängen hatte, galt als fauler Spinner.

Abb. 175) Spinnen von Flachs mit dem Spinnrad. Umgebung von Südfelde, Kr. Minden, 30er Jahre.

Abb. 176 u. 178) Wockenblätter. Sie werden jeweils mit einem Band um einen Flachswokken gebunden, der damit in Form gehalten wird. Sammlung Jennebach, Minden, jetzt Museumsdorf Cloppenburg.

Abb. 177) Das Haspeln des gesponnenen Garns. Umgebung von Südfelde, Kr. Minden. 30er Jahren.

Haspeln

Um das Garn von den Spulen in Garnbinde zu verwandeln, verwendete man die Haspel. Auf einem Sokkelbrett stand ein senkrechter Stab, an dem war oben ein windmühlenartiges Rad drehbar angebracht. An den Speichenenden saßen etwa 10 cm lange Quadratstäbe, Krücken genannt, über die das Garn gewickelt wurde. Der Umfang dieses Rades hatte ein genau festgelegtes Maß. Eine Veränderung galt als Maßfälschung. Nach 60 Umdrehungen war ein Bind Garn aufgewickelt. Eine automatische Zählvorrichtung ließ nach der 60. Umdrehung eine Feder zuschnappen. Durch ein kleines Bändchen wurde das Bind zusammengehalten. 20 Binde ergaben ein Stück.

Der Umfang der Haspel diente auch als Anhalt, um das Gewicht von Schweinen, die zum Verkauf standen, einigermaßen sicher zu schätzen. Man maß den Rundumfang des Tieres nahe hinter den Vorderbeinen. Wenn der Faden mit dem Haspelumfang übereinstimmte, konnte ein bestimmtes Gewicht angenommen werden, „ét hèt'n Haspelkruüs".

Büken

Im Frühjahr (Ende Februar bis Mitte März) war das Spinnen beendet. Auf einer langen Stange hingen die Garnstücke, die noch eine graue Farbe hatten. Um weißes Leinen zu erhalten, hatte man noch eine besondere Behandlung durchzuführen. Vom Buchenholz, das damals das Hauptbrennmaterial lieferte, sammelte man sorgfältig die Asche und stampfte sie in Steintöpfe. Auf einem Dreifuß stand eine große Holztonne von etwa 300 l Inhalt. Dahinein legte man sorgfältig eine Lage Garn, darüber kamen einige Hände voll Pottasche, dann Garn usw., bis die Tonne voll oder alles untergebracht war. Nun goß man heißes Wasser darüber, bis alles bedeckt war. Die sich bildende Lauge löste die Schmutz- und Farbteilchen des Garnes auf. Nach einer Zeit wurde der Zapfen unten am Faß abgezogen, und die Lauge konnte abfließen. Nun wurde noch mehrmals klares Wasser darüber gegossen, bis das abfließende Wasser klar war. Alsdann wurde das Garn zum Trocknen aufgehängt.

Garn aufspulen
Den Anfang des Webens machte das Aufspulen des Garns auf die „Pfeifen“, „de Puib'ms“, die nach meiner Erinnerung eine Länge von 30-40 cm hatten. Die Länge des Fadens auf einer Spule entsprach der Länge des Leinenstückes, das man in diesem Arbeitsgange weben wollte. Es waren die Kettenfäden. An Geräten gebrauchte man das Spulrad, die Pfeifen und den Garnhalter, „de Krönken“. Die Pfeifen (Schierspulen) spannte man in das Spulrad, das nach Art eines Spinnrades in Bewegung gesetzt wurde. Das Garnstück spannte man auf „de Krönken“. Nachdem man das Fadenende an der Spule befestigt hatte, konnte man das Rad schnurren lassen. Mit den Fingern leitete man den Faden so, daß die Spule gleichmäßig bewickelt wurde. Das Spulen war eine Arbeit für die Kinder, zugleich eine Vorschule für das Spinnen. Man übte dabei das gleichmäßige Treten.

Schieren
Das Schieren war eine wichtige Zwischenstufe, um das Garn von den Schierspulen auf den Garnbaum des Webstuhles zu bekommen. An den Pfosten der Dehlwand waren in bestimmtem Abstand je 2 große Krampen befestigt, an denen die Schierbäume durch vorgestreckte Holzpflöcke ihren Halt fanden. Sie waren wohl 2 m lang und hatten in regelmäßigen Abständen (vielleicht 15 cm) eine bestimmte Anzahl Holzzinken, wohl auch 15 cm lang: die Schierbäume standen senkrecht. Den Schierbäumen gegenüber auf der anderen Seite der Dehle stellte man den Schierrahmen auf. Es war ein Gestell, in dem man die vielen Schierspulen leicht drehbar befestigte (in mehreren Etagen). Eine fachkundige Tante überwachte das Aufstellen. Sie wurde wohl von allen Nachbarn „zum Beziehen des Stelles“ (des Webstuhles) herangezogen. Sie nahm nun von jeder Spule das Fadenende in ihre Hand und verknotete sie, nachdem nochmal kontrolliert war, daß keine Spule vergessen war. Diesen Knoten befestigte sie am oberen linken Holzzinken des Schierbaumes. Nun ließ sie alle Fäden durch ihre Hand gleiten und ging zum rechten Schierbaum, legte alle Fäden um dessen obersten Zinken, von da wieder zum linken, hier kamen die Fä-

Abb. 179) Das gewaschene Garn hängt auf der Deele zum Trocknen. Hof Wissmann, Schildescher Heide, Kr. Bielefeld, 1911.

Abb. 180) Das Aufspulen des Garns für die Kette auf die großen Scherspulen. Dazu wird das Garn auf den Garnhalter, das „Körnchen“ aufgebracht und der Faden mit dem Spulrad auf die Scherspule gewickelt. Mit Hilfe einer leeren Spule wird er so geführt, daß das Garn gleichmäßig auf die Spule läuft. Aufn. im Museumshof Rahden, Kr. Lübbecke, anläßlich der Dreharbeiten zu dem Film „Vom Flachs zum Leinen“. Münster, 1975.

Abb. 181) Scheren der Kette für den Webstuhl an Pflöcken auf der Deele. Mennighüffen, Kr. Herford, 1905.

den um den zweiten Zinken usw. bis alle Zinken bedient waren und das Garn auf den Spulen alle war. Auf dem jeweiligen Wege von einem Schierbaum zum anderen machten die dann schnell abrollenden Spulen ein solches Geräusch, daß man es schon außerhalb des Hauses hören konnte. Die Tante nahm nach Beendigung des Schierens ein kleines Leinenläppchen mit „Wäschbläue" und färbte jede Kurve des linken Holmes an dem Holzzinken blau, das war nachher beim Weben das Zeichen, daß ein „Stücke" Leinen fertig war.

Webstuhl und Weben

Während wir Kinder beim Schieren zusahen, bauten die Erwachsenen in der Stube den Webstuhl, „dat Würkestell" auf. Seine Bestandteile waren schon Tage vorher gesäubert und wurden nun zusammengefügt: Gestell, Garnbaum, Weberbaum (Leinenbaum), Rolle, Geschirr, Kamm, Tretvorrichtung und Weberbank. Das Garn wurde mit besonderer Vorsicht von den Schierbäumen abgenommen, damit die Fäden nicht ineinander verwirrten. Die Fäden wurden in etwa 80 cm Breite auf den Garnbaum gewickelt. Diese Fäden bildeten die Kette des Gewebes. Jeder Faden wurde nun durch eine Öse des Geschirrs gezogen und durch eine Lücke des Kammes geführt und am Leinenbaum befestigt, eine Arbeit, die wohl einen Tag in Anspruch nahm. Nach ihrer Beendigung stellte man durch eine kurze Probe fest, ob alles „in der Fissen" war. Ein rotes Taschentuch, (diese Art Tücher waren wohl von doppelter Größe wie die heutigen) gefüllt mit allerlei nahrhaften Dingen war der Lohn für die Kopf-, Hand- und Fingerarbeit der Tante.

„Dat Stéll és betogen, niu kann dat Wüaken läosgohn", aber nur dann, wenn de 'Spéolnwickler' do es! Auf dem Webstuhl war ja nur die Kette des Gewebes. Der Einschlag, die Querfäden, wurden auf kleine Spulen, etwa 10 cm lang, gespult, sie hießen auch „Schottespeoln", und das „Schiffchen", in das sie hineinpaßten, hieß „Schottsken". Der Faden konnte durch eine seitliche Öffnung des Schiffchens leicht abrollen. Unsere Mutter oder meine älteste Schwester setzte sich auf die Bank, die Füße auf den Tretholmen. Beim Herabtreten des rechten Holms bewegte sich das halbe Geschirr abwärts, die andere Hälfte aufwärts. Damit wurden gleichzeitig die geradzahligen Fäden durch die Ösen des Geschirrs abwärts, die ungeradzahligen aufwärts bewegt. Durch diesen Fadentunnel wurde das Schiffchen geworfen, wobei der Faden der Schottspéoln sich abwickelte. Mit der anderen Hand fing man das Schiffchen geschickt wieder auf, zog den Kamm mit der freien Hand vor und schob damit den Einschlagfaden bis an die Stelle des Tunnels, wo sich gerade und ungerade Fäden kreuzten. Nun wurde der linke Holm abwärts getreten, das Schiffchen mit der Fanghand durch den neuen Tunnel zurückgeworfen und der Faden mit dem Kamm wieder in den Schnittpunkt der Fäden gezogen usw. Der Wurf des Schiffchens mußte gekonnt sein, sonst tauchte es durch die unteren Fäden und fiel auf die Erde, wie überhaupt die ganze Webearbeit leichter aussah, als sie in Wirklichkeit war. Das Zurückschlagen des Einschlagfadens mit dem Kamm verursachte ein Geräusch, als wenn jemand mit Nagelschuhen über einen Steinfußboden ging. Im gleichen Tempo vollzog sich auch die Arbeit am Webstuhl. In unserem Altersheim hatten sie noch bis 1910 einen neuartigen Webstuhl, bei dem das Werfen des Schiffchens automatisch vollzogen wurde. Man sprach da vom Schnellschußwebstuhl. Bei dieser Einrichtung war das Tempo von dem eines Fußgängers auf das eines Läufers gesteigert.

Abb. 182) Bäuerin beim Weben. Davor ihre Schwester beim Aufspulen des Schußgarns auf die Spülchen für das Weberschiffchen. Aufn. 1975 wie bei Abb. 172.

Leinen
Um die schneeweiße Farbe zu bekommen, bleichte man das Leinen. Auf dem Rasen des „Bleicheplatzes" – die Bezeichnung war für eine bestimmte Rasenfläche beim Hause bis vor wenigen Jahren noch geläufig – wurden die Leinenstücke ausgebreitet und an den Ecken mit kleinen Schlaufen an Holzpflöcken festgebunden, damit der Wind sie nicht verwehen konnte. „Künstlicher Regen" (Gießkanne) und Sonne entfernten die letzten Farb- und Schmutzteilchen. Einige „Nächte" blieb das Leinen so auf dem Rasen. Behelfsmäßig baute man sich ein Schutzdach, unter dem man nachts dabei wachte. Es war der Stolz junger Mädchen, einen Koffer mit Leinen wohlgefüllt zu haben, wenn sie den Ehestand begannen. Nach dem Gewicht der Leinentruhe wurde der Wohlstand der Braut bemessen. Um dieses Werturteil zu heben, sollen sogar Steine geholfen haben! Mit dem Leinen deckte man oft den gesamten Kleidungsbedarf der Familie. Die Männer und Jungen trugen blau gefärbte Leinenanzüge. Für die Frauenkleidung bedruckte man das Leinen mit kleinen Sternchenmustern. Durch Zusatz von Appretur bekam das Leinen eine gewisse Steifheit und einen matten Glanz. Mit solchen Kleidern gingen die Frauen – teils bis zum ersten Weltkrieg – zur Kirche. Eine Druckerei für solche Muster befand sich früher in Melbergen.

Aus der Spinnstube
Tagsüber benutzte jeder Spinner und jede Spinnerin jede freie Minute, um das Tagespensum, „den Tall", zu erfüllen. Am Abend ging man zuweilen reihum zu der Nachbarschaft, das Spinnrad unter dem Arme. Die leichtfertige Jugend drehte das Rad um und fuhr damit nach Art einer Schiebkarre, wobei es nicht ausblieb,

Abb. 183) Geöffneter Schrank mit Leinenrollen. Bauerschaft Crosewick bei Vreden, Kr. Ahaus.

Abb. 184) Ravensberger Spinnstube. Die Aufnahme wurde inszeniert von dem Fotografen Gottlieb Schäffer, Menninghüffen, um 1903 in seinem Tageslichtatelier, da Innenaufnahmen noch nicht möglich waren. Wegen der langen Belichtungszeiten mußten die Fotografierten in ziemlich starrer Haltung verharren. Die beiden Frauen links haben zum Treten der Spinnräder die Holzschuhe ausgezogen. Die Frau rechts haspelt das fertige Garn. Mennighüffen, Kr. Herford.

daß es Bruch gab. Im großen Kreise saß man in der Spinnstube, die Alten in der Nähe des Ofens. Wenn man miteinander warm geworden war, wurde auch allerlei Kurzweil getrieben, es wurde gesungen oder in den eingelegten Pausen auch getanzt oder auch eine Schneeballschlacht gemacht. Beim Spinnen selbst wurden auch Geschichten erzählt. Es hat begabte Erzähler gegeben, die bei ihren spannenden Spukgeschichten manchen Spinner das Gruseln lehrten. Die größte Rolle hat wohl der Wehrwolf gespielt. Es sollte Leute geben – sie wurden sogar mit Namen genannt –, die sich durch einen Gürtel in einen Wehrwolf verwandeln konnten. Außer sinnlosen Quälereien – er sprang einsam wandernden Menschen auf den Rücken und ließ sich von ihnen tragen, bis sie erschöpft zusammenbrachen, erschreckte sie durch allerlei Geräusche, hetzte hinter ihnen her – hatte er wohl auch die Aufgabe, die Bösen zu strafen. Es konnte vorkommen, daß unartige Kinder von jemandem mit „haboöken Tühn'n" in nicht gerade sanfter Weise zurechtgewiesen wurden. Auch Erwachsene, die gerne „schwer luden" (tranken), infolgedessen nicht zur Zeit nach Hause finden konnten, mußten mit dem Wehrwolf rechnen, und einigen soll er zu gründlicher Ernüchterung geholfen haben! Dann gab es noch Geschichten vom „Kochtwämsken" und vom „Langwämsken". Darunter verstand man unerklärliche Lichterscheinungen, Irrlicht usw. Solche Geschichten wurden meist mit einem „zugekniffenen Auge" erzählt, d.h. es verbarg sich dahinter eine Begebenheit, die außer dem Erzähler auch noch einem der Anwesenden bekannt war. Durch allerlei Ausschmückungen und Vergleiche wußte er die Zuhörer zu fesseln und hatte selber eine stille Freude daran, wenn dem Mitwisser allmählich ein Licht aufging. Manche Geschichte mag auch den Zweck gehabt haben, sich selbst zu entschuldigen. So kannte ich in meiner Jugend einen Mann, der sich am Löhnungstage gern einen kräftigen Schluck gönnte und dann den kürzesten Weg nach Hause nicht mehr finden konnte. Das bedurfte einer Erklärung: Ihm war ein Irrlicht begegnet und hatte ihn über Sturzäcker und durch Sümpfe genarrt, so daß er noch ganz „benommen" sei. Allerdings wurden solche Geschichten auch von durchaus glaubhaften Leuten erzählt. Als Kind mochte man dann abends im Dunkeln nicht allein nach draußen gehen.

Wiederholt will man dort in der Dunkelheit einen außerordentlich großen Hund gesehen haben, der dann plötzlich wieder verschwunden war. In einem Falle hat sich herausgestellt, daß einem Nachbarn ein Kalb ausgebrochen war, und damit war der Spuk dann auch erledigt. Auch vom Zweiten Gesicht ist erzählt worden. Ein gewisser W. in Bischofshagen soll diese unheimliche Gabe besessen haben. Er sah die Leichenzüge

von Leuten, die noch gesund und munter waren, vielleicht sogar mit ihm sprachen. Vor dem Kriege 1870/71 soll er auf dem Postwege Kolonnen maschierender Soldaten gesehen haben. Als er seinen Begleiter warnte: „Komm von der Fahrbahn", lachte dieser ihn aus. Im nächsten Augenblick war er von den für ihn unsichtbaren Fahrzeugen zu Boden gerissen.

Während der eingelegten Pausen trieb man allerlei Kurzweil. So wurde Anfängern das Tanzen gezeigt oder bis zur Fertigkeit geübt. Junge Leute lernten sich kennen. Mancher Bund fürs Leben hat in der Spinnstube begonnen. Wurden dann beim Spinnen Anspielungen gemacht, dann schloß man aus dem „Anstecken" (im Gesicht rot werden) was Dichtung und was Wahrheit war.

Spaßmacher legten eine glühende Holzkohle in den Ring des Tretrades. Beim schnellen Drehen sah man dann einen Feuerring. Durch einen abspringenden Funken ist bei solcher Gelegenheit der Spinnrocken wie Pulver verbrannt. War solch einer in dem Kreise der Spinnstube gut angesehen, hat man ihm geholfen, daß sein Verlust nicht zu groß war. Hatte jemand seinen Platz verlassen, so stellte man an seinem Platz oder an seinem Spinnrade allerlei Schabernack an, und nur ein Pfand konnte ihn lösen.

Daß an solchen Abenden fleißig gesungen wurde, versteht sich. Waren die bekannten Lieder durch, und wußte jemand ein neues, so sang er vor, und so wurde eine Bereicherung oft von Spinnstube zu Spinnstube getragen.[19]

Wiesenbau im Siegerland

Ich habe in den Lehr- und Lernbüchern der Heimatkunde hin und wieder den Satz gefunden, daß die Wiesen meiner Heimat, des Siegerlandes, weit über die Grenzen der eigenen Heimat bekannt und berühmt seien. Gemeint sind die Wiesen in den Tälern, die Saft- oder Wasserwiesen (Wees), zum Unterschied von den Grasflächen auf den Hängen, die man nicht „wässern" konnte (Driesch). Da ja bei uns durch jedes Tal ein munteres Bächlein rinnt, war das Bewässern kein Problem.

Gräbenziehen

Nach dem zweiten Schnitt, wenn die Arbeiten auf dem Feld getan waren, wurden die Wiesenbreiten mit Gräben durchzogen, 10 cm breit, 5 cm tief, jeden Herbst an anderer Stelle. Die anfallenden Rasenstücke wurden in die alten Gräben verlegt und schön glatt geschlagen mit der Schaufel oder dem „Braseklöpper". Das war eine Bohle (40 cm × 30 cm und 5 cm dick) mit gebogenem Stiel. Die Gräben hatten Verbindung mit den Hauptgräben (Hötgrawe), 60 cm breit, 15 cm tief, die ihrerseits das Wasser entweder aus dem Bach direkt oder aber aus einer Stauung des Bachlaufes entnahmen. Das Wehr (Schötze) konnte durch eingebaute Führungsleisten und einer Welle mit Löchern, auf viel oder wenig Wasserdurchlaß, gestellt werden. Solche Wehre waren bereits im Dorf selbst, um das Wasser oft in ganz abgelegene Wiesen zu leiten. Bei langem Regenwetter standen die Wehrtüren hochgezogen wegen der Gefahr der Verschlammung der Wiesen.

Das Werkzeug zum Gräbenziehen war das Wiesenbeil (Wesebejjel). Das Hauen geschah nach der Schnur (Weseschnur). Sie war aufgerollt auf eine Eisen- auch Holzspindel, die sich um eine Eisenstange, unten spitz zum Einstechen, drehte. So wurde erst eine Seite gehauen. Nachdem die Schnur umgesteckt war, kam die andere Seite dran. Das war schon eine Kunst, haarscharf an der Schnur entlang zu hauen, ohne sie zu treffen. Knoten in der Schnur zeugten von Fehlschlägen. Schöne Gräben gereichten dem Bauern zur Ehre. Die Bauern vergaben wohl auch „det Grawemache" an ältere Männer, die es gut verstanden.

Wässern

Im Herbst begann dann das Wässern. Der Zugang aus dem Hauptgraben wurde geöffnet. Meist war die Sperre ein großer Stein. Wir Jungens gingen mit dem Wasser, und wo es plötzlich in einem Maulwurfsloch verschwand, wurde das Loch mit einem Rasenstück verstopft. Je nach Bedarf hemmte man das Wasser durch eingelegte Rasenstücke, daß alle Teile der Wiese berieselt wurden. „Ett wässert schüe", sagte man dann. Besondere Freude gab es, wenn hier und da der nasse Kopf eines Maulwurfs erschien, dem es da unten nicht mehr geheuer war.

Weil ja meist viele Wiesen (100-200 Ruten) aus demselben Wehr gewässert wurden, kam es darauf an, wer das Wasser am längsten auf seiner Wiese hatte, besonders bei Wasserknappheit. Dann versuchte einer dem anderen das Wasser abzuwenden (afwänne), verstopfte die Zuleitung und öffnete seine. So machten sich die Besitzer auf der Wiese zu tun bis zur völligen Dunkelheit, um das Wasser die ganze Nacht zu behalten. Der Nachbar natürlich auch, man versteckte sich endlich im Gebüsch, um der letzte zu sein, mußte jedoch oft am Morgen feststellen, daß die Nachbarwiese unter Wasser stand.

Im Frühling ging das Wässern wieder los. Gerade dann brachte das Wasser mancherlei Dungstoffe mit. Eine weitere Düngung der Talwiesen war nicht nötig, das Gras wurde so bis 70-100 cm lang.

Wiesenordnung

Wie wichtig die Wässerwiesen für den Bauern des Siegerlandes sind, erhellt daraus, daß eine besondere Wiesenordnung aus dem Jahre 1846 genau die Rechte und Pflichten der Anlieger an einem Bachlauf regelt. Zur Aufsicht waren ein Wiesenvorsteher und zwei Schöffen aus jedem Dorf bestellt. Ich weiß noch, wie ernst mein Vater das Amt des Wiesenvorstehers nahm. Die Säumigen wurden verwarnt und dann bestraft, wenn sie z.B. den Hauptgraben an ihrer Wiese nicht in Ordnung brachten.

Der Wiesenvorsteher überwachte auch die Verunkrautung der Wiesen. Da war es vor allem der Kerbel, der oft ein ganzes Tal mit Beschlag belegte. Durch die Ortsschelle wurden dann die Wiesenbesitzer aufgefordert, bis da und dahin den „Kirwel" zu entfernen, ehe er sämte. Auch die Herbstzeitlosen wurden ausgegraben.

Zwei- bis dreimal im Jahre war „Wiesenschau". Dann begingen drei Männer die Wiesen und stellten Mängel und Abhilfe fest, mit anschließendem Kaffeetrinken. Die Ämter waren Ehrenämter.

Schon vor etwa 400 Jahren wurden hier Bestimmungen erlassen, nach denen eine Aufsicht über die Bewässerung der Wiesen angeordnet wurde. Im preußischen Wassergesetz vom 7.4.1913 ist diese Wiesenordnung auch für die Folge als Sondergesetz für den Kreis Siegen aufrechterhalten worden.

Arten des Wiesenbaus

Der Wiesenbau war mannigfaltig und paßte sich jeweils den gegebenen Verhältnissen des Tales einerseits und dem Bachlauf andererseits an. Da gab es den Flach-, Rücken- und Hangbau. Die wohl größte Wiesenflur hier ist die Herrenwiese zwischen Eiserfeld und Siegen. Sie ist ein reiner Flachbau, wird auf künstliche Weise von der Sieg aus bewässert und liefert Heu und Grummet in großen Mengen. Die Einzelparzellen (Herrnwieserteil) sind 500 Ruten groß (1 Morgen = 180 Ruten).

In engeren Tälern sind Hangbau und Rückenbau führend. Die Hangwiesen sind oft so steil, daß das Mähen schwierig ist. Ihr Ertrag ist trotzdem sehr gut, weil sie das Wasser aus erster Hand bekommen, aus Gräben, die am Berghang entlanglaufen und somit mancherlei Dungstoffe führen. – Der Rückenbau ist eine Kunst und erfordert viel Arbeit. Der Querschnitt eines Rückens gleicht einem großen Dreieck, auch wohl einem Hausdach. Die beiden Schrägungen sind 3 – 50 m breit und so lang wie die Wiese. Über dem Scheitel läuft ein Wässerungsgraben, der beide Seiten gleichmäßig berieselt. Der Rückenbau soll entweder den ganzen Wie-

Abb. 185) Beim Heuaufkegeln. Südliches Siegerland. Aufn. von 1898.

senboden oder die Fläche vergrößern helfen. So bestehen oft ganze Stücke nur aus solchen Rücken.

Driesch

Neben den Saftwiesen im Tal hatten wir dann die Grasflächen in der Feldflur, Driesch genannt. Sie konnten nicht bewässert werden, wurden also gedüngt. Sehr gern fuhren wir die anfallenden Kartoffelsträucher auf die Breite, sie düngten gut und schützten die Narbe im Winter. Der Rest Stalldung wanderte auf die Driesche. Die Kopfdüngung lohnte sich sehr. Wer gar noch mit Thomasschlacke nachhalf, hatte Riesenernten. Als Driesch benutzt wurden Felder, die nasse Stellen hatten oder stark mit Unkraut (Disteln) besetzt waren. Dann wurden sie eingesät. Das Heu der Driesche war hart und als Pferdefutter beliebt. Im Frühjahr mußten die Driesche gesäubert werden. Das geschah mit dem Heurechen (Harke). Diese Arbeit war mühsam und unbeliebt.

Termin des Schnittes

Ein besonderes Datum für den Beginn des Schnittes gab es nicht. Man richtete sich nach dem Stand des Graswuchses, der je nach der Witterung früher oder später gut war. Sodann wartete man auf beständiges Wetter. Hier in Eiserfeld mähen die Leute im „alten Licht“ (abnehmendem Mond), da man behauptet, im „jungen Licht“ (zunehmendem Mond) wäre der Halm hohl, also ohne Mark, und das Heu staube später sehr. Bei uns in Oberschelden habe ich davon nichts gehört. Der Graswuchs galt als gut, wenn es dicht an dicht stand und sich nicht bewegen konnte. Wurden die Mahden dünn, sagten wir: „Das Grundgras fehlt.“ Stand es auf schlechten Wiesen büschelweise, so nannten wir das Ziegenbart (Zeggebart), hier mähte es schlecht. Beim Mähen kam es wohl jedes Jahr mal zum Disput über die Zeit des Anfangs. Der eine sagte, das Gras müsse erst Samen haben, der andere wollte mähen zwischen Blüte und Samen, damit die Kraft im Heu blieb und nicht mit dem Samen auf die Wiese fiel.[20]

Abb. 186) Heuaufladen. Auflegen und Festmachen des Wiesbaumes. Südliches Siegerland. Aufn. von 1898.

Heuwiese und Heuernte im Sauerland

Abb. 187) Zweiter Grasschnitt, Grummet. Im Tal bei Beienbach, Kr. Siegen.

Die Wiese im Frühling
Die zur Heugewinnung bestimmte Wiese hieß einfach „Wiese" zum Unterschied von der Weide. Die Wiese wurde im allgemeinen zweimal gemäht – Heu und Grummet (Graumet). War die Wiese zur Bewässerung eingerichtet, dann war das eine gebaute Wiese (gebuggete). Eine sehr feuchte Wiese hieß Bruch (Brauk). Durch die moderne Anbautechnik sind die Unterschiede zwischen Wiese und Weide weitgehend verwischt. Die Bewässerung ist aufgegeben, die Wiesen sind eingeebnet und alle eingezäunt. Sie werden heute (1968) zusammen mit den beiden Mäh- und Umtriebsweiden genutzt. Die gebaute Wiese war sehr aufwendig an Handarbeit. Die Wassergräben mußten im Herbst und Winter gereinigt, die Maulwurfshaufen mit Hand und Schaufel eingeebnet werden. Ein Pferdeschlepper konnte in bewässerten Wiesen wegen der Gräben nicht verwendet werden. Humusdünger und Stickstoff waren zu wertvoll für die Wiese. Erst nach 1920 wurde etwas mineralischer Dünger gestreut.

Vorbereitung zur Heuernte
Der Beginn der Heuernte lag wesentlich später als heute, um den Johannestag (24. Juni). Daher trifft das damals angewandte Wort heute nicht mehr zu: „Vör Johannes bäie üm Räigen – noher kümmet hei ungeläigen."

Man richtete sich für den Beginn der Heuernte im allgemeinen nach der Entwicklung spät blühender Gräser (Lieschgras). Das Gras stand gut oder dünn. Besonders unbeliebt als Unkräuter war Pestwurz (Larken), Knöterich (Schlipperten) und Hahnenfuß (Kräggenschorken). Als einziges Bekämpfungsmittel hatte man das Trockenlegen der Wiesen und die Beweidung.

Sensen
Die in meiner Jugend noch gebrauchten Sensen wurden gleichzeitig für Gras und Getreide verwendet. Aber noch um die Jahrhundertwende wurden für das Gras besondere Sensen verwandt, bei denen oberhalb des Blattes ein Gestell aus Haselruten angebracht war, damit auch die kleinsten Grashalme nicht über den Sensenrücken rutschen konnten und mit in das Schwad gezogen wurden.

Harken
Die Harken wurden meistens vom Dorfstellmacher hergestellt. In ganz früher Zeit gebrauchte man als Harkenstiel eine gabelförmig gewachsene Haselnuß- oder Eschenstange (Harkentwiele). Später wurde eine Fichtenstange (ungefähr 30-35 cm) mit der Kreissäge aufgespalten und mit einem Keil zur Harkentwiele auseinander getrieben.

Der Harkenbalken bestand aus Buchenholz, die Harkenzinken (Pinne) aus gespaltener Esche oder Eiche (Breite der Harke ca. 50-55 cm, Zahl der Zinken 9-11, Länge der Zinken 10 cm). Zum Nachharken hinter dem geladenen Fuder hatte man zwei Meter breite Schleppharken, sogenannte Schmachtharken. Dieselben wurden aber meistens von einem Handwerker hergestellt.

Abb. 188) Beim Heuaufladen. Hof Trampe, Westscheid bei Mennighüffen, Kr. Herford, 1941.

Forken, Heugabel, Grepen
Das Sauerland liegt in unmittelbarer Nähe der früheren Grafschaft Mark, in der seit altersher das Schmieden von Gebrauchsgegenständen, insbesondere von landwirtschaftlichem Gerät, üblich war. Hölzerne Heugabeln gab es daher im Sauerland schon lange nicht mehr. Man unterschied die zweizinkige Forke, welche verschiedene Größen hatte. Daneben kannte man aber auch die dreizinkige Heugabel. Die vierzinkige Grepe war das Instrument für den Stallmist.

Grasschneiden
Das Grasschneiden begann vor Tag und Tau. Tau bedeutet hier das Abtrocknen des Taus, da die Mäharbeit im Tau wesentlich leichter war, als bei trockenem Grase. Mit dem Abtrocknen des Taus wurde das Mähen eingestellt. Der beste Mäher ging der Gruppe voraus und gab den Takt an. In den Takt verfiel man unwillkürlich. Das Gras wurde durch den Bügel auf der Sense in das Schwad gezogen. Es mußte darauf geachtet werden, daß auch unter dem Schwad das Gras abgemäht war. War das nicht der Fall, dann band der Mäher an. Ein guter Mäher nahm nicht zu breit vor (Schnittbreite des Sensenschlages), band nicht an, bewegte den Oberkörper möglichst wenig, konnte die Sense lange scharf halten. Ein schlechter Mäher nahm zu breit oder zu schmal vor, band an, bewegte den Oberkörper zu stark (drehte sich das Kreuz ab), wetzte und dengelte sich tot. Das gemähte Gras wurde mit der Harke, oder war das Schwad zu dick, mit der Forke auseinandergestreut. Mähen war im Sauerland Männerarbeit.

Heuen
Das auseinandergestreute Gras wurde mit der Harke gewendet, wobei es auf möglichst gleichmäßiges Verteilen ankam. Bei dieser Arbeit ging der älteste als letzter, um die Arbeit der vorausgehenden Leute zu korrigieren, was meist mit dem Munde laut und deutlich geschah. (Sprichwort: „Heu muß auf der Harke trocknen.“) Am Abend wurde das angewelkte oder angetrocknete Gras auf Haufen gesetzt. Am ersten Tag in kleinere, am zweiten Tag in größere Haufen. Bei sehr günstigem Heuwetter war das Heu am Ende des dritten Tages zum Einfahren trok-

ken. Bei der Heuarbeit hatten die Frauen voll mitzuarbeiten.

Die Heuwendemaschinen kamen in den Jahren von 1895-1914 in das Sauerland. Zuerst auf die Gutsbetriebe und dann in die bäuerlichen Betriebe.

Trocknen auf Hürden

Um 1900 wurde im Sauerland der Dreihockreuter eingeführt, vornehmlich aber zur Ernte des Feldfutters, Klee und Kleegras. Erst von 1930 an wurde das Heu in den Wiesen gereutert. Neben dem herkömmlichen Dreibock, verwandte man nun auch andere Reuterarten, die Dahlheimer Hütte, den Draht- oder Schwedenreuter und die Allgäuer Heuhütte.

Essen und Kleidung

Bei der Mäharbeit wurde vielleicht um 7.00 Uhr ein kleiner Imbiß genommen. Das Hauptfrühstück erfolgte nach Beendigung des Mähens um 9.00 Uhr etwa. Das Frühstück wurde dann meistens von den anderen Arbeitskräften, die jetzt zur Heuarbeit gingen, vom Hofe den Mähern mitgebracht. War die Wiese weit entfernt, dann wurde auch das Mittagessen und meistens mit dem gleichen Gang das Vesperbrot zur Arbeitsstätte getragen. Einen Schnaps gab es nur für die Mäher am Morgen und am Abend während der Mäharbeit. Besonderes Essen gab es nicht. Die Kost war alltäglich. Die Transportgefäße nannte man Eßdüppen.

Einfahren

Der Erntewagen war der sogenannte Leiterwagen, der gewöhnliche Akkerwagen wurde zum Erntewagen umgerüstet.

Zuerst wurden die Ernteleitern vollgepackt. Besonders wichtig war die erste Lage auf den Leiterbäumen. Packen mußten vielfach Frauen. Aber meistens war der Gespannführer für das Heufuder verantwortlich. Das Pferdegespann mußte stets gerade vor dem Wagen stehen, damit dem Packer stets die Mitte des Wagens gezeigt wurde. Wenn die Leitern des Wagens fest vollgepackt waren, und zwar von vorn nach hinten, wurde vorn rechts und links auf den Leiterbaum ein großer Wulk Heu (soviel man mit beiden Armen fassen konnte) aufgesetzt. Beide wurden mit einem Wulk, der in die Mitte gepackt wurde, festgepackt. So ging das über den ganzen Wagen. Sobald man mit der Lage bis auf die Hinterachse gekommen war, setzte der Packer auf die beiden hinteren Enden der Leiter die Lage auf und packte von rückwärts bis zur Hinterachse die Lage voll. Der Abschluß der Lage wurde dort gemacht, wo der Packer auf der Hinterachse stand. Er packte dann soviel Heu unter die Füße, bis die Lage eben war. So wurde in genauer Reihenfolge der Wagen Lage um Lage beladen, damit man später in umgekehrter Folge abladen konnte. Die Zahl der Lagen richtete sich nach der Größe des Wagens, der Geländegestaltung, der Kraft des Pferdes und der Kunst des Packers. Die letzte Lage war die Baumlage. Mitten über das Fuder wurde eine dicke Schicht Heu gepackt, um das Einsinken des Wiesenbaumes zu verhindern. Der Wiesenbaum vorn gekröpft, wurde vorn in die Spannkette, welche an den beiden Leitern befestigt war, gesteckt. Der am hinteren Ende hochgehobene Baum wurde dann von dem Packer heruntergedrückt. Genügte der Druck des Baumes nicht, dann wurde die Spannkette, indem sie um den Leiterbaum geschlungen wurde, verkürzt. Sodann wurde am hinteren Ende des Wagens das Windeseil um den Baum geschlungen. Es wurde dann mit den Windebolzen solange angezogen, bis der Wiesenbaum festsaß.

Sodann wurde das Fuder abgeharkt. Nach der Menge des abgeharkten Heus wurde der Packer beurteilt. Ein gut geladenes Fuder durfte nicht viel abgeharktes Heu geben.

Zweiter Grasschnitt

Grummet (Graumet) wurde bei der Fütterung mit Vorsicht verwendet. War es gut eingebracht, wurde es besser als Heu bewertet und ging an die Milchkühe und Kälber.

Heufutter

Heu war vielfach bei den einfachen Bauern das einzige eiweißhaltige Winterfutter. Erst kurz vor dem ersten Weltkrieg kamen die Kraftfuttermittel in den Handel. Futterrüben und Kohlrüben waren für die Kühe nur wenig verfügbar und dienten in der Hauptsache für die Schweinefütterung. Da Heu auch oft nicht genügend vorhanden war, wurde es zusammen mit Stroh gehäckselt, um die Tiere überhaupt satt zu bekommen. Nach dem ersten Weltkrieg drängten Kraftfutter, Rüben und Silage die Heufütterung zurück. Das Heu wurde seitdem lang gefüttert und diente nach dem anderen Futter zur restlichen Sättigung.

Heilmittel

Heusamenaufgüsse verwandte man auch hier als Heusamenbäder bei rheumatischen Erkrankungen, in der Tiermedizin als Mittel für Darmerkrankungen und Koliken.[21]

Abb. 189) Heuernte am Ackerrain vor einem Roggenfeld. Nienberge bei Münster.

Abb. 190) Mähen von Landsberger Gemenge. Südliches Siegerland, 1898.

Abb. 191) Vesperpause in der Roggenernte. Die Großmutter hat zusammen mit den Kindern das Essen aufs Feld gebracht. Der Säugling wurde im „Bollerwagen" mitgenommen und während der Pause von der Mutter gestillt. Mennighüffen, Kreis Herford, 1938.

Getreideernte

Ein Bericht aus dem Paderborner Land

Den ganzen Sommer über betete man früher wie heute, besonders bei schlechtem Wetter, das „Gebet um Gedeihen der Feldfrüchte", um auf Wachstum und Ernte den Segen Gottes herabzuflehen. In Neuenbeken, zu dieser Pfarrei gehörte Benhausen früher, fanden seit alters her an den Bittagen (drei Tage vor Christi Himmelfahrt) Bittprozessionen statt. In Benhausen sind diese Bittprozessionen erst vor einigen Jahren eingeführt, wohl deshalb, weil die Benhauser nicht mehr wie früher an der Bittprozession in Neuenbeken teilnahmen. Aber auch die hier übliche Maiprozession am „Maitag", dem ersten Sonntag im Mai, und die hier wie überall in katholischen Gegenden begangene Fronleichnamsprozession hatten außer der Verehrung des Allerheiligsten den Zweck der Segnung der Felder und Fluren.

Erntebeginn

Ob der Beginn der Roggenernte in der Liboriwoche auch den Schutz des Diözesanpatrons gewährleisten sollte, ist nicht sicher zu sagen. Für die Weizenernte galt der Spruch: „Laurentius, Vinzentius (10. August und 19. Juli) de Waiten mutt inn Heaup." Man sieht aber hier deutlich die religiöse Orientierung. Die Gerstenernte begann nach Möglichkeit früher, die Haferernte wurde je nach der Reife des Kornes in die Ernte eingeschoben. Man ließ Roggen und Weizen, d.h. alles Korn, das in Haufen gesetzt wurde, stehen und sorgte dafür, daß der in Hucken stehende und bei Regenwetter leicht auswachsende Hafer eingebracht wurde.

Vorbereitungen

Vor der Ernte mußten die Erntegerätschaften in Ordnung gebracht werden. Die Sensen, von denen ein großer Bauernhof etwa fünf in Gebrauch hatte, wurden von ihrem Platz an der Deelenwand, wo sie den Winter über hingen, abgenommen und „in Schuß" (in Ordnung) gebracht. Die hier gebräuchlichen Sensen hatten etwa die in Skizze 1 dargestellte Form. Der Bügel aus Weidenruten war klein oder fehlte sogar ganz. Außerdem brauchte man für kürzeren Hafer, für Gerste und Rauhfutter die „Hecksaissen" (Hecksensen) in der Form wie in Skizze 2. Da diese Sensen etwas länger als die anderen waren und schwer zu handhaben, trug der „Mägger" bei der Arbeit die Sense mit einem Riemen, den er über die rechte Schulter schlang. Hände und Arme hatten dadurch Entlastung und konnten die Sense besser führen. Manche Leute brauchten zum „Roggenaffniemen" (Roggenabnehmen) „Hucken" (Sichel), die man sich wie in der Skizze 3 dargestellt vorzustellen hat.

Sensenklopfen

Die Sensen wurden „gekloppt" (scharf geklopft), die Hucken wurden geschliffen, wenn man mit ihnen Brennesseln oder ähnliches mähen wollte. Sonst wurden die Hucken stumpf gebraucht. Das „Saissenkloppen" (Sensenkloppen) mußte gekonnt sein. Zunächst gehörte dazu ein gutes „Kloppgeschier" (Klopfgeschirr). In Benhausen sah es so aus, wie ich es in Skizze 4 gezeichnet habe. An dem „Spitt" (Amboß) war an der rechten Seite ein Ring, an der linken eine Platte, damit sich dieser beim Einschlagen in die Erde etwas in den Boden drückte und so durch die leichte Schrägung ein handlicheres Auflager bot. Beim Klopfen mußte man einen Millimeter unter die Schneide der Sense sehen können, dann lag sie richtig. Um diese Lage auf dem Amboß zu haben, gab es die Möglichkeit, die Sense auseinanderzunehmen, so daß man beim Klopfen auf der Erde sitzend mit der einen Hand das Blatt hielt und mit der anderen klopfte, oder man nahm die Sense nicht auseinander, sondern stützte den „Saissenbeaum" (Sensenbaum) in Höhe der Krücke mit einem daruntergesetzten Stock, der festgebunden war und den man verschieben konnte. Waren Kinder zur Hand, so hielten diese den Sensenbaum so, wie ihn der „Saissenklopper" gerade brauchte. Mit dem Kloppen der Sense begann man an der Spitze. Mußte die Sense besonders scharf sein oder waren noch einige schlechte Stellen darin, so klopfte man noch einmal wieder zurück.

Erntewagen

Auch die Erntewagen mußten fertiggemacht werden. Es gab keine eigenen Wagen dafür. Von den normalen Wagen wurden Vorderwagen und Hinterwagen durch eine längere „Langwitt" verbunden. Dann wurden vier längere Rungen in die der Mitte des Schemels am nächsten liegenden schrägen Löcher gesteckt und von außen mit den an der Achse vor den Rädern befestigten „Stünsels" (Stützen) abgestützt. Rungen und Stünsel wurden verbunden durch „Aderkien" (Aderketten), in denen die Ernteleitern mit dem oberen Baum lagen. Heute macht man die Erntewagen unten nicht mehr so schmal, man stellt also die Leitern nicht mehr so schräg, und diese brauchen deswegen auch nicht mehr so hoch zu sein. Die Leitersprossen wurden bis zum ersten Weltkriege auch aus Holz gemacht, später nur noch aus Eisen. Den Boden des Wagens bildete ein zwischen die Leitern gelegter Baum oder eine aus einigen Brettern zusammengenagelte „Unnerläe" (Unterlage).

Arbeitskleidung

Die Arbeitskleidung der Mäher bestand aus „Schauhen, Büxen, Hiemed un Rump" (Schuhe, Hose, Hemd und Weste). Als Kopfbedekkung trug man einen Stroh- oder Filzhut. Die Binder banden sich vor das rechte Knie einen Lappen oder ein Stück Leder, das über und unter dem Knie festgebunden wurde, und zwar so, daß die Hose beim Knien zwischen den Bundstellen locker saß. Die Hose wäre sonst nach kurzer Zeit durchgeschlissen gewesen. Außerdem war es so bequemer. – Die Abnehmerinnen trugen Schürze, Rock, Schuhe und Kopftuch, oft auch Schonärmel. Handschuhe, wie man es heute wohl findet, gab es früher nicht oder nur sehr selten. Nach der Ernte erhielt jeder Knecht eine „Ahnebüxen" (Erntehose) und jede Magd ein „Ahnekläād" (Erntekleid) als Lohn für die geleistete Arbeit und als Ersatz für die zerschlissene Kleidung.

Essen und Trinken

Auch über Essen und Trinken während der Erntezeit und das dazu gehörende Geschirr ist einiges zu berichten. Besonderes Brot oder gar Kuchen wurde in Benhausen nicht gebacken. Bei Bauernhöfen, die Bienen hielten, war für die Erntezeit „Immbier" (Immenbier) vorrätig. Gewöhnlich trank man kalten Kaffee, „Breautwater" (Brotwasser) oder „Kustenwater" (Brotkrustenwasser) und Schnaps, „Enöern" oder „Bloen Tweern" genannt. Den Kaffee nahm man in „Kitteln" (Zinnkesseln) mit aufs Feld. Das Kustenwater wurde in „Kriuken" (Tonkrügen) mit ins Feld genommen. Die Kriuken standen gewöhnlich auf der Anrichte in der Küche. Der Schnaps wurde in Flaschen mitgenommen, für jeden Mann einen halben „Eauert" (Ort) = ⅛ Liter. Es gab „Buddel" (Flaschen) für einen und für zwei Mann. Gingen mehr Leute ins Feld, so nahm man einen großen Buddel mit und zum Trinken einen „Räumer", ein früher gebräuchliches großes Schnapsglas.

Das Essen, meist „Düerneine" oder „Düernanner" (Durcheinander) Linsen, Bohnen, Erbsen, wurde in „Läpen" ins Feld gebracht. Diese „Läpen" waren aus Holz, mit Messingreifen zusammengehalten, die schön blank geputzt werden mußten. Der Holzdeckel wurde an der einen Seite in das Seitenbrett geschoben, an der anderen mit einem Holzpinn gehalten. Diese „Iertedüppen" (Essentöpfe), wie man die Läpen auch nannte, gab es auch in verschiedenen Größen. Mit dem Worte „Läpendraher" (Essenträger) verband sich der Sinn von „noch-nicht-erwachsen-sein", „noch-nicht-für-voll-genommen-werden". – Die Butter wurde in Holzdosen mitgenommen, die es ebenfalls in verschiedenen Größen für ein, zwei, drei, vier, fünf und sechs Personen gab. Ging man am Freitag ins Feld, so gab es in diesen Dosen statt Butter Schmalz, und anstelle des Speckes oder der Wurst gab es für jede Person drei Eier. Das Brot wurde im Stück mitgenommen und erst im Felde geschnitten und mit Butter bestrichen. Brot und Butterdosen wurden im „Iertebuil" (Essenbeutel) mitgenommen. Die ganze Verpflegung wurde auch wohl in ovalen Henkelkörben mit Deckel mitgenommen.

Abb. 192) Mähen mit der Kniesense Sichte. Hof Dalming, Bauerschaft Sellen bei Burgsteinfurt. Aufn. anläßlich der Dreharbeiten zu dem Film „Mähen mit der Sichte“.

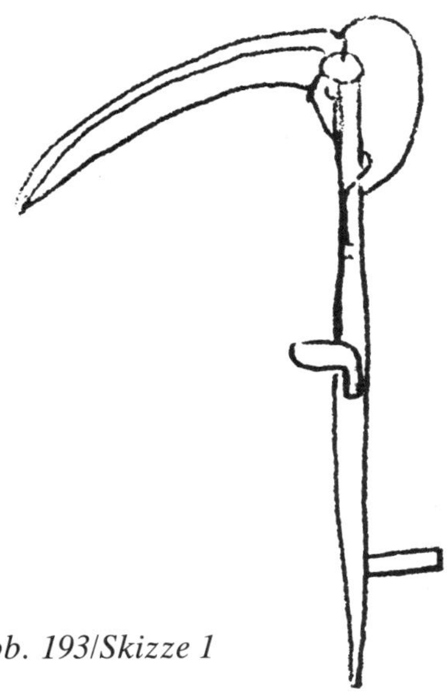

Abb. 193/Skizze 1

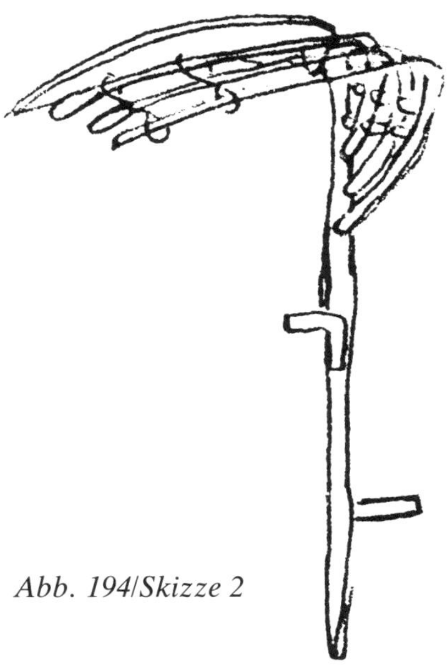

Abb. 194/Skizze 2

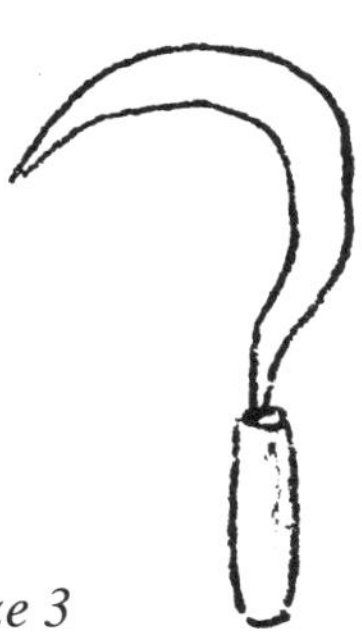

Abb. 195/Skizze 3

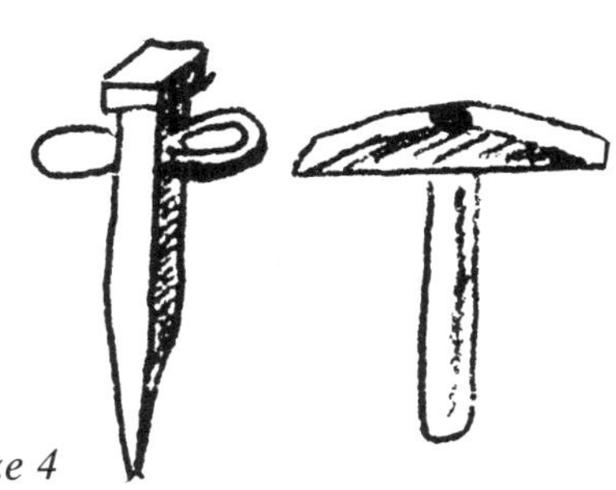

Abb. 196/Skizze 4

Abb. 193) Gewöhnliche Sense mit Bügel aus Weidenrute, der aber auch fehlen konnte.

Abb. 194) Hecksense für kürzeren Hafer, Gerste und Rauhfutter.

Abb. 195) „Hucke“ zum Roggenabnehmen.

Abb. 196) „Kloppgeschier“ zum Dengeln der Sensen bestehend aus „Splitt“ (Amboß) und Dengelhammer. Paderborner Land.

Abb. 197) Roggenernte. Plettenberg-Immecke, Kr. Altena.

Mähen
Zum Mähen wurde immer der Morgen bevorzugt. Man stand dann so früh auf, daß man spätestens um sechs Uhr losfahren konnte. Konnte man „innt Schwatt“ mähen, brauchten also keine Frauen zum Abnehmen mit ins Feld, so ging man auch schon in der Uchte, d.h. um 2 bis 3 Uhr, an die Arbeit. Der Großknecht mähte als erster, der Bauer als letzter. Der Schäfer half meist beim Mähen. Als Tagesleistung für einen Mann rechnete man 2½ bis 3 Morgen. Wurde nicht „innt Schwatt“ gemäht, so hatte jeder Mäher eine Abnehmerin, die das Korn mit der Wallharke, an der auf der rechten Seite in Zinken fehlte, mit der Hucke oder mit der Hand in Wallen ablegte.

Streichen der Sense
Das Streichen der Sense konnte auf verschiedene Weise geschehen. Die gewöhnlich gut geklopften und scharfen Sensen wurden mit einem „Streik“ (Streich) aus Hartholz gewetzt, der mit einem Lederstreifen auf dem Sensenbaum zwischen den beiden Griffen befestigt war. Die stumpferen, schlecht geklopften oder beim Mähen auf steinigem Boden leicht beschädigten Sensen wurden mit einem „Streikstein“ (Streichstein) gewetzt. Die Streichsteine wurden aus „Holländern“ selbst gespalten. Man legte die großen Steine 24 Stunden ins Wasser und spaltete sie dann in der Naht vorsichtig mit einem Messer. Beim Mähen trug man den Stein in einem mit Wasser gefüllten „Schluerkepott“ aus Weidenholz an einem Bauchriemen. Streichstein und Schluerkepott sind heute wie früher in Gebrauch. Vereinzelt gab und gibt es auch Schluerkepötte aus Metall, meist Zinkblech.

Binden des Kornes
Das Binden des Kornes hat sich im Laufe der Jahre geändert. Während man bis 1905/6 meist die losen Wallen zusammentrug zu Haufen, die man mit einem Seil dann zusammenhielt, bindet man heute fast nur noch Garben, wodurch das Einfahren wesentlich beschleunigt wird. Die Garben werden mit einem Seil etwas unterhalb der Mitte gebunden. Es gibt verschiedene Möglichkeiten, den Knoten zu schlingen. Man band mit einfachem gedroschenen Roggenstroh oder mit aus Roggenstroh schon vor der Ernte fertiggemachten Seilen. Man konnte aber auch das frischgemähte Stroh von der Walle nehmen und damit binden. War das zu kurz, dann machte man ein Seil davon. Außerdem konnte man das „Härkelse“ (Geharktes) zu einem Seil zusammendrehen. Zum Binden von Garben brauchte man keinen „Binneknüppel“ (Bindestock). Die zu Haufen zusammengestellten Wallen band man in der Mitte mit einem Seil aus Härkelse. Die obere Spitze band man mit einem dünnen Seil zusammen. Von diesen Haufen wurden beim Einfahren Bunde gemacht, die mit Roggenstrohseilen und mit Hilfe eines Bindestockes gebunden wurden. Das beste Seilestroh war das mit Flegeln gedroschene.

Abb. 198) Roggenernte. Mähen mit der Sense, Garbenbinden und Aufstellen der Garben. Südliches Siegerland. Aufn. um 1898.

Aufstellen des Kornes
Beim Aufstellen des Kornes halfen alle, und jeder trug die Wallen heran. Für die Zusammenstellung gab es verschiedene Möglichkeiten. Hafer und Gerste wurden in Hucken aufgerichtet, d.h. vier Wallen wurden kreuzweise zusammengestellt und mit einem dünnen Seil oben zusammengebunden.

Man ließ bei gutem Wetter aber auch die Wallen liegen und trocknen und band beim Einfahren drei oder vier zu einem Bund zusammen. Weizen und Roggen setzte man in „Stiuken“ oder in Haufen zusammen. Die Stiuke war eine Hucke, um die noch acht Wallen gesetzt wurden. Ein Haufen wurde die Stiuke, wenn in

Abb. 199) Bauer beim Dengeln einer Kniesense (Sichte). Hof Dalming, Bauerschaft Sellen bei Burgsteinfurt. Arbeiten zum Film „Mähen mit der Sichte“.

Abb. 200) Frau in Erntekleidung beim Binden einer Garbe. Hof Dalming, Bauerschaft Sellen bei Burgsteinfurt. Aufn. anläßlich der Dreharbeiten zu dem Film „Mähen mit der Sichte".

Abb. 201) Bauer mit Enkelkindern bei der Roggenernte. Dingden um 1928.

Höhe von etwa 50 bis 60 cm noch acht Wallen angesetzt wurden. Die letzte und oberste Walle lag mit der Strohseite zum Westen und wurde mit den Ähren über die Spitze der anderen Wallen geknickt. Das Ganze wurde durch ein Seil in der Mitte, d.h. am Strohende des oben liegenden Ringes, und an der Spitze gebunden. War das Korn schon zum Einfahren gebunden und es zog schlechtes Wetter auf, so setzte man die Bunde in „Nien" (d.s. Haufen von neun Bunden). Dabei wurden drei Garben mit der Schrägseite zum Westen (Wetterseite) gesetzt und vom Osten zwei dagegen. Auf die drei Westbunde wurden wieder zwei Westbunde gesetzt und mit einer aus dem Osten abgestützt. Als obere Abdeckung legte man dann auf die zwei vom Westen noch ein Bund. Diese neun Bunde boten sich gegenseitig den besten Schutz und die beste Stütze.

Arbeitstag
Der Arbeitstag begann so früh, daß man um sieben Uhr anfangen konnte zu arbeiten. Morgenarbeit und Weg zum Felde waren dann schon bewältigt. „Freustücke, Middag und Väsper" (Frühstück, Mittagessen und Kaffee) wurden im Felde eingenommen. Das Frühstück nahm man morgens mit, das Mittagessen und das Vesperbrot wurde gebracht. Besonders gern aß man im Felde Großebohnen mit Speck. Davon legt der Stoßseufzer der Großebohnenliebhaber ein gutes Zeugnis ab: „Laiwe Heher, mak mey diän Biuk neau mol seau weit, et is de Greautebeaunenteit" (Lieber Herr, mach mir den Bauch nochmal so weit, es ist die Großebohnenzeit). Dazu muß gesagt werden, daß früher die Großebohnen später gepflanzt wurden. – Vor dem Mittagessen wurde gebetet. Allerdings war hier früher das Sprichwort geläufig.: „Wäi inn Fälle behet, behet de Muise innt Fält" (Wer im Felde betet, der betet die Mäuse ins Feld). Gebetet wurde aber trotzdem. Ein Tischtuch gab es im Felde auf keinen Fall. Die Großmagd teilte das Essen aus, der Großknecht schnitt das Brot und gab jedem seine Portion. Die Männer tranken aus einem Krug, für die Frauen hatte man Tassen mitgenommen. Frühstück und Vesper wurden beliebig in die Arbeitszeit eingeschoben, das Mittagessen richtete sich nach dem Läuten der „Beheglocken" (Betglocke), die überall im Benhauser Feld zu hören war.

Einfahren
Beim Einfahren halfen alle mit, Bauer, Knechte und Mägde. Ehrenvolle Arbeit war es für den Bauern und den Großknecht, die Erntewagen selbst zu fahren, das hatte dann auch den praktischen Vorteil, daß einer von beiden gleichzeitig über den Stand der Arbeit im Felde und im Hause unterrichtet war. Das „Feuherlahen" (Fuderladen) wurde von Männern und Frauen besorgt. Wer ein gutes Fuder laden konnte, der konnte stolz darauf sein, und im Dorf wußte man genau, wer gut und wer schlecht lud. Zum „Uppstiäken" (Aufstechen) brauchte man die zweizinkige „Fueke" (Forke). Es kam auch vor, daß derjenige, dem die Forke beim Angeben stecken blieb, später einen Schnaps ausgeben mußte. – In den Leitern konnte man hinten oder vorne mit dem Laden anfangen. Zuerst wurden einige Garben mit dem Strohend nach außen (hinten oder vorn) gelegt. Hatte man die nötige Schräge, das Kornend war ja dünner als das Strohend, so „banste" (packte) man umgekehrt, die Ähren kamen nach oben auf das Strohend der zuerst gelegten Garben und das Stroh auf die Unterlage. So begann man hinten und vorn und banste in der Mitte des Wagens zusammen bis die Leitern voll waren. Auf den Leitern wurde quer gebanst, das Strohend nach außen und die Ähren zur Mitte des Wagens. Die Garben wurden gehalten durch die über die Leiter herausragenden Sprossenenden. Die ganz hinten und ganz vorn liegenden Garben verknüpfte man mit einigen Halmen. Hatte man eine Lage so gebanst, so wurde in der Mitte die lang über den Wagen sich ziehende Vertiefung (Ährenend) „teaubanset" (zugebanst). So wurde Lage auf Lage senkrecht hochgepackt, bis das Fuder voll war. Zuletzt wurde oben zugebanst. Einen Baum brauchte man in Benhausen nur dann, wenn man Korn oder Stroh von auswärts holte.

Die beim Mähen, Abnehmen und Aufrichten liegengebliebenen Ähren wurden nach dem Aufrichten des Kornes mit der „Schmachteharke" zusammengeharkt. Das Härkelse wurde zwischen den anderen Richten aufgehäuft und mit einem Seil oben zusammengebunden und dadurch ein wenig gegen das Einregnen geschützt. Beim Einfahren brauchten dann nur noch die schmalen Streifen, auf denen die Richten oder die Haufen gestanden hatten, geharkt zu werden. Dabei wurde dann auch das Härkelse wie die anderen Bunde gebunden. Nach dem Harken schickte man die Kinder zum Ährenlesen auf das Stoppelfeld. Man schälte das Feld auch wohl sofort nach dem Aufrichten und Harken und ließ nur den schmalen Streifen, auf dem die Richten standen, stehen.

Letztes Fuder
Das letzte Fuder war der „Ahnehahn" (Erntehahn). Geschmückt wurde das Fuder bei kleinen Leuten mit grünen Zweigen und bei Bauern außerdem mit einem Erntehahn aus Holz, der auf einer Stange befestigt war und mit einem Kranz aus Korn, Blumen und Eierschalen umgeben war. Knechte, Mägde und Kinder saßen auf dem Fuder und juchten nach Herzenslust. Gesungen wurde im Dorf und bei der Einfahrt ins Haus. Hier sang man gerne das plattdeutsche Westfalenlied und als Abschluß „Großer Gott, wir loben Dich". Selbstverständlich gab es auch Schnaps zu trinken und ein besonders gutes Essen. Sonstige Bräuche waren in Benhausen aber nicht üblich.

Erntedankfest
Außer dem Erntehahn gab es in Benhausen kein Erntedankfest. Das kirchliche Erntedankfest gibt es hier erst seit der Mitte der 40er Jahre. Dabei werden dann die gespendeten Früchte aus Garten und Feld geweiht und den Kranken und Klöstern geschenkt.

Mähmaschine
Einer der größten Bauern in Benhausen schaffte sich 1900 die erste Mähmaschine an, das Stück, das zuerst damit gemäht wurde, ist dem Bauern heute noch bekannt. Derselbe Bauer kaufte sich 1905 die erste Harkemaschine. 1908 kamen drei Mähmaschinen mit Selbstbinder ins Dorf. Am Tage vorher mähte man das Stück an. Während des Mähens richteten dann die Mägde schon das Korn auf.[22]

Abb. 202 u. 203) *Erntekranz mit Erntehahn an einem Bauernhof in Elsen, Kr. Paderborn.*

Abb. 204) Dreschen von Roggen. Hof Trampe, Westscheid bei Mennighüffen, Kr. Herford, 1904. Der Fotograf Gottlieb Schäffer hat das Dreschen für die Aufnahme vor die Deele verlegt und tagsüber aufgenommen, da es im Innern des Hauses damals fotografisch noch nicht hätte dokumentiert werden können.

Das Dreschen

Ein Bericht aus dem Paderborner Land

Dreschen mit dem Flegel
Bevor über das Dreschen mit Maschinen berichtet werden soll, sei kurz der mir noch bekannte und selbst geübte Flegeldrusch erwähnt. In meinen Kinderjahren war der Flegel noch rege im Gebrauch. Der Flegelschlag mit zwei, drei und vier Personen und seinem Rhythmus steht noch gut in meiner Erinnerung. Bei Kleinlandwirten und Handwerkern unseres Ortes ist er gegen 1920 zur Ausnahme geworden. Die Handwerker beschäftigten dabei Invaliden, die zu ihrer Kundschaft gehörten. Bei der damaligen kleinen Rente ist dieses Nebeneinkommen eine begehrenswerte Hilfe gewesen. In manchen Fällen dienten diese Einnahmen zur Begleichung der Rechnungen.

In unserem Betrieb wurde der Flegel noch länger gebraucht. Das Seilestroh für das Einbinden des Strohes beim Maschinendreschen fiel durch den Flegel an. Ein glattes Stroh mit wenig Abfall und dadurch mit guter und schneller Seileknüpfung erleichterte die Herstellung gegenüber dem Stroh aus der Dreschmaschine, das teils zerschlagen oder durcheinander lag. Erst mit dem Einsatz eines Binders oder der Presse am Dreschkasten schied der Flegel aus dem Arbeitsablauf aus.

Abb. 205) Pferdegöpel, „Küönink" (König), auf Hof Höter, Bauerschaft Gennerich bei Havixbeck, Kr. Coesfeld.

Der Göpel

Im väterlichen Betrieb ist der Göpel vor 1900 angeschafft worden. Er hatte seinen festen Stand unter einem Überdach am Viehhaus. Der Göpel bestand aus einem eisernen Block, der auf einer Steinpacklage fest aufgebaut stand. Die bewegende Kraft brachte eine am Boden liegende Welle mit einer Riemenscheibe am Ende und einem ledernen Riemen auf die Arbeitsmaschinen. Bei uns war es die Häckselmaschine und der Dreschkasten, der hier in der Umgangssprache als Lurrkasten bezeichnet wurde. Mir scheint, daß diese Bezeichnung dem steigenden und fallenden Ton der sich schnell drehenden Trommel bei schwankender Fütterung mit Getreide im Arbeitslauf seinen Ursprung hat. Auf dem Kopf des Göpels befand sich ein drehbarer Sitz für den Gespannführer, meistens ein größeres Kind, zur Aufsicht und zum Antrieb der Zugtiere.

Unterhalb des Kopfes lagen in dem Gesamtgehäuse vier Vierkantnischen, in denen die Zugbäume für den Anspann des Zugviehes befestigt lagen. Diese Bäume selbst waren mit Eisenstangen gespannt, damit während des Betriebes alle Bäume gleichzeitig die Zuglast ausglichen. Hinzu kam noch die Haltestange zum Anbinden der Zugtiere am Zaum oder dem Halfter, durch welche die Zugtiere die Führung in der Kreislinie einhielten. Die hier befindlichen Göpel waren alle liegende mit der Welle. Teils standen sie fest eingebaut und nur für einen Besitzer. Der Göpel selbst ist nur für den Eigengebrauch verwendet worden.

Der Göpel zum Dreschen mag in einzelnen Betrieben bis zum Ende des ersten Weltkrieges noch gebraucht worden sein. Zum Häckselschneiden verlor sich seine Verwendung durch die Elektrizitätsversorgung im Jahre 1921 immer mehr. Außer dem Göpelantrieb gab es in Körbecke eine Mühle mit einem landwirtschaftlichen Betrieb, der nur mit der Wasserkraft arbeitet. Handbetriebene Häckselmaschinen mit der Kraft von zwei bis fünf Personen gehörten nicht zu den Raritäten. In der Zeit, in welcher die Pferde anderweitig stark beansprucht wurden, mußte Menschenkraft genutzt werden, um die Tiere nicht zu überfordern.

Göpeldreschmaschinen

Die Göpeldreschmaschine ist als Breitdrescher zu bezeichnen. Ich erinnere mich wohl der Trommelwalze mit den daran befindlichen Schlagleisten. Das abgedroschene Stroh lief über eine sich drehende

Abb. 206) Dreschen mit dem Göpel, der von Kühen bewegt wird. Südliches Siegerland. Aufn. von 1898.

Drahtroste und wurde im Abgleiten von ihr in das Strohseil gebunden.

Für den gesamten Dreschablauf waren nachfolgend aufgeführte Kräfte mit folgenden Arbeiten beschäftigt: Person 1 zum Pferdeantrieb, Person 2 zum Einlegen der Garben in die Dreschtrommel, Person 3 zum Anwerfen der Garben auf den Dreschkasten, Person 4 und 5 zum Einbinden des ausgedroschenen Strohes und An-die-Seite-packen, Person 6 zum Wegschippen des Kornes von der Dreschmaschine. Eine siebente Person ist dann nötig, wenn die Garben zum Anwerfen auf die Dreschmaschine zu weit entfernt liegen. In der Regel wurde vor Beginn des Drusches genügend Vorrat angehäuft, so daß die siebente Person dann nicht benötigt wurde. Nach dem Drusch kam noch ein Arbeitsgang für das Futter- oder Verkaufsgetreide: die Reinigung in der Wannemühle. Die Maschine wurde von Hand in Betrieb genommen. Das Korn lief aus dem zu füllenden Trichter über Siebe, die durch Schüttelbewegungen Spreu und Unrat von dem Getreide trennten und Staub durch den gleichzeitig erzeugten Wind ausbliesen. Als letztes kam dann das Einsacken des nun gereinigten Kornes und das Ausschütten auf den Kornboden oder die Kornkammer, wie es damals der Umgangssprachgebrauch nannte.

Die Dampfmaschine

Die Dampfdreschmaschine kam in den bäuerlichen Betrieben um 1900 in Gebrauch. Hier waren es mehrere Bauern, die im Zusammenschluß zu der Anschaffung kamen. Sie suchten sich einen für Maschinen interessierten Mann, meist einen Schlosser zur Bedienung. Dieser holte sich die dazu erforderlichen Kenntnisse bei der Herstellerfirma in einer kurzen Einweisung. Während anfangs nur die Genossen diese Maschine in Anspruch nahmen, kamen später noch einige Betriebe im Lohndrusch hinzu.

Etwa gegen 1905 kam der erste Lohndruschunternehmer, dem folgte nach Jahren ein zweiter. Ein Dreschplatz am Rande der Gemeinde stand dem Lohndrescher zur Verfügung, auf dem die „kleinen Leute“ den beladenen Erntewagen gleich ausdreschen konnten. Um 1930 herum kamen noch einige, von zwei oder drei Bauern gekauft, Dreschmaschinen hinzu, die mit dem Elektromotor angetrieben wurden. In gegenseitiger Dreschhilfe gingen sie dem Drusch nach, ohne fremde Hilfe in Anspruch zu nehmen.

Abb. 207) Dreschen mit der Dreschmaschine auf dem Feld. Südfelde bei Petershagen, Kr. Minden.

Abb. 208) Dreschen mit der Dreschmaschine um 1890 in Bönen-Osterbönen, Kr. Unna. Die Antriebsmaschine (Lokomobile) links wurde mit Holz geheizt.

In unserem eigenen Betriebe ist überwiegend der Lohndrusch angewandt worden. Die Genossenschaft wird dann in Anspruch genommen, wenn die Ernte spät hereinkam, die Bestellungsarbeiten drängten und der Lohnunternehmer infolge der erdrückenden Nachfrage nicht abgewartet werden konnte.

Mit dem Beginn der Ernte und deren Einbringung setzte auch der Maschinendrusch ein. Bei günstiger Witterung bemühten sich Betriebsleiter oder Inhaber um den Ausdrusch auf dem Felde. Das war eine begehrte und bequeme Angelegenheit und entlastete vom Druck des Dimmen- oder Hofdrusches. Wurde auf dem Hofe gedroschen, beschränkte man sich auf einen halben Tag, oft auch nur auf zwei oder drei Stunden. Der Bedarf an Saatgut und an Futtergetreide über den Herbst hinweg mußte gesichert sein. Wenn die Kartoffel-, Runkel- und Rübenernten einsetzten, begann eine Druschpause bis in den halben November hinein. Dann setzte die Hauptdrescharbeit ein. Sie verteilte sich auf einen noch zweimaligen Ausdrusch. Der letzte Drusch vollzog sich im Februar und März und beendete damit das Erntejahr.

Zur Dreschmaschine gehörten die Dampfmaschine und der Dreschkasten. Bei uns waren insgesamt bis zu 15 Personen zum Dreschen erforderlich, zwei für das Säcketragen, zwei auf dem Kasten, drei zum Anwerfen der Garben auf den Kasten, eine für Spreu oder Kaff, eine für den Kurzstrohabfall, drei zum Binden des Strohes, wenn die Seile bereit sind und vier weitere, wenn beim Roggenstroh die Seile von den Bindern erst erstellt werden müssen und dann die drei zum Beipacken des Strohes. Nach 1920 kam ein Binder oder die Presse für das Stroheinbinden hinzu, ebenso der Elektromotor statt der Dampfmaschine. Weitere Verbesserungen brachte die Technik, so ein Kaffgebläse, Anbaugleitschienen für die Strohbeförderung, Sackheber, Korngebläse und Einwurfverbesserungen in die Trommel. Diese Veränderungen minderten den Personalbedarf um fünf oder gar sieben Personen.

Nachdem in unserem Betriebe 1960 der Mähdrescher angeschafft war, hörte der Lohndrusch auf.

Der Sommer- und Herbstdrusch nahm den ganzen Tag in Anspruch. Er begann um 6 Uhr und endete abends um 7 Uhr. Zwischen Frühstück und Mittag bekam jeder Helfende einen Korn eingeschenkt. Dasselbe wiederholte sich am Nachmittag zwischen dem Kaffee und dem Abendessen. Die Männer bekamen am Schluß und nach dem Abendessen noch eine Zigarre und gingen dann in Dampf nach Hause. Bei und nach den Mahlzeiten herrschte eine rege Unterhaltung. Der Maschinist war nicht immer bei den Mahlzeiten anwesend, weil ihm währenddessen das Ölen und Nachsehen der Maschinerie oblag.

Zum Morgenkaffee gab es Platenkuchen und belegte Butterbrote,

Abb. 209) Wannemühle zum Reinigen des Korns. Südliches Siegerland. Aufn. von 1898

dazu Kaffee nach Bedarf. In den früheren Jahren war der Eintopf mit Schinken der Mittagstisch. Später kam der Wandel mit Suppe, Kartoffeln, Braten und Gemüse. Kaffee wieder mit Kuchen oder belegten Broten. Abends belegte Brote mit mehrerlei Aufschnitt und eine Flasche Bier dazu.[23]

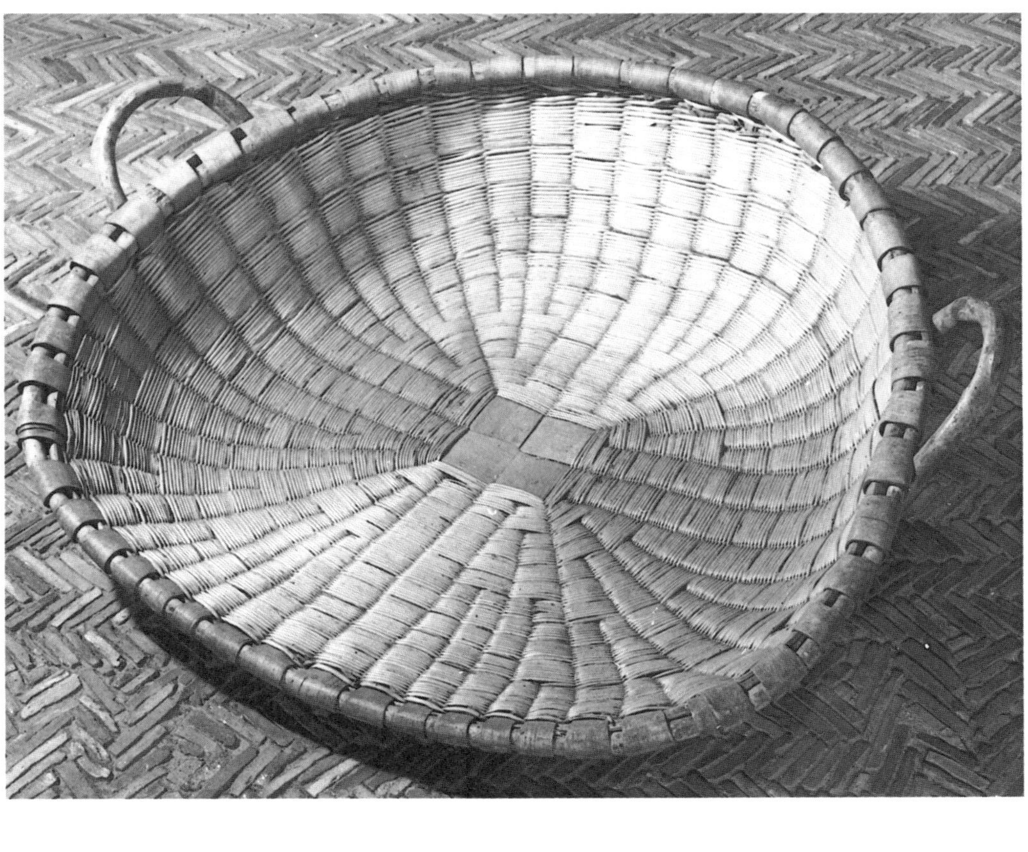

Abb. 210) Kornwanne. Korb zum Reinigen des Korns von Kaff nach dem Flegeldrusch. Hamaland-Museum Vreden, Kr. Ahaus.

Abb. 211) Dreschen mit der Dreschmaschine mit französischen Kriegsgefangenen auf dem Hof Hermeyer. Westscheid bei Mennighüffen,

Kr. Herford, 1916.

Bäuerliches Brotbacken

Die Angaben über den ehemaligen Landkreis Wiedenbrück stammen von einem Bäckermeister, der 1886 in Langenberg als Sohn eines Bauern geboren wurde und die Lehrzeit als Bäcker in der Stadt Wiedenbrück verbrachte.

Backofen

Der Backofen stand auf den Bauernhöfen in einem kleinen, freistehenden Haus, Backs genannt. Über die Rundung des Backofens erhob sich ein Spitzdach, das mit Dachziegeln, Stroh oder Weidengeflecht, mit Lehm verschmiert, gedeckt war. Das Backhaus hatte vereinzelt einen Vorbau, in dem manchmal eine kleine Werkstatt eingerichtet war; so auf dem Hof meines Vaters, der gelernter Schreiner war und in dieser Werkstatt einfache Schreinerarbeiten machte, z.B. hölzerne Eggen, wie sie damals üblich waren. Auch manche Kötter hatten ein Backs, und wer keins hatte, benutzte manchmal das des Nachbarn. Man half sich in dieser Hinsicht nachbarlich aus wie auch auf anderen Gebieten, z.B. beim Dreschen. Ist der Backofen an das Haus angebaut, so ist die Öffnung des Ofens im Haus selbst. Die Wölbung des Backofens ist meistens aus Backsteinen aufgeführt; stammte der Ofen aus ganz alter Zeit, so war die Wölbung aus Lehm, die, wie man mir erzählt hat, so zustande gebracht wurde: Es wurde ein Weidengeflecht in der Form der beabsichtigten Wölbung angefertigt; das Weidengeflecht wurde mit Lehm verschmiert; dann wurde der Backofen eingeheizt, wodurch das Weidengeflecht verbrannte, der Lehm hart wurde und die Wölbung bildete.

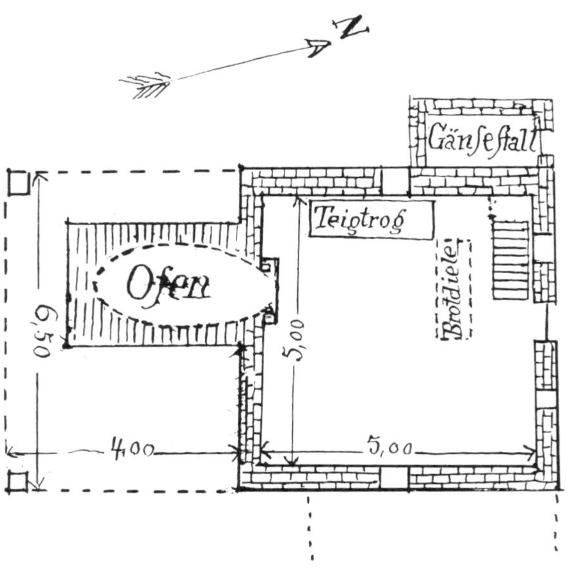

Abb. 212) Backhaus, „Backes“, in Niederholzklau, Kr. Siegen.

Abb. 213) Spieker (Speicher) mit Backofen. Wadersloh, Kr. Beckum. (Innansicht siehe Abb. 216).

Abb. 214) Grundriß eines Backhauses. Hof auf der Brinke, Frehlinghausen bei Plettenberg, Kr. Altena.

Abb. 215) Brotbacken im Backhaus. Herausnehmen der fertigen Brote. Mennighüffen, Kr. Herford, 1904.

Den Beruf des Backofenbauers gab es in unserer Gegend nicht; diese Arbeit machten Maurer, unter denen solche bevorzugt wurden, die Erfahrung im Backofenbau hatten. Von diesen Backofenbauern wurde folgendes Geschichtlein erzählt, das sich um 1880 abgespielt haben soll: Ein Bauer, der als geizig galt, wollte beim Backofenbau den „Alten Klaren“ (Münsterländer Korn) sparen, auf den die Maurer nach alter Sitte Anspruch zu haben glaubten. Die Maurer machten dem Bauern sein Versäumnis dadurch klar, daß sie die halb aufgemauerte Wölbung des Backofens wieder zusammenbrechen ließen; da endlich kam der Bauer mit der Schnapsflasche und wurde von den Maurern mit folgendem Liedchen begrüßt: „Es de Bauhäer quamm un wull wiggen, dao sach he dat ganse Gewölbe dor liggen.“ (Als der Bauherr kam und wollte weihen, [wie der Priester mit Weihwasser], da sah er das ganze Gewölbe da liegen.)

Die Grundfläche des Backofens, auf die man die Brote schiebt, wurde Herd genannt; zeigten sich am Herd nach Jahren schadhafte Stellen, so kroch der Maurer in den Ofen und flickte diese Stellen. In anderen Gegenden, in denen es Steinbrüche oder mehr Steine gibt als im Kreise Wiedenbrück, werden Sandsteine, Findlinge usw. als Unterlagen der Herdfläche verwandt. Die Einschiebeöffnung des Backofens nannte man Mündung. Die Sohle der Mündung bestand aus Backsteinen, aber man hatte auch schon vor 1900 solche aus Metallplatten oder aus einem Blechstück. Unter Schruft verstand man ein Holzbrett, das zum Verschließen der Mündung diente; zum Festklemmen der Schruft diente ein Kantholz von der Stärke einer Dachlatte, das in eiserne oder hölzerne Fassungen eingespannt wurde, welche an beiden Schmalseiten der Mündung angebracht waren. Hinter dieses waagerecht eingespannte Kantholz wurden noch zwei hölzerne Stäbe senkrecht getrieben, um die Schruft möglichst fest gegen die Mündung zu drücken und dadurch einen luftdichten Abschluß zu erzielen. Besondere Zuglöcher hatten die alten Backöfen nicht; die ersten Backöfen mit Zuglöchern kamen um 1900 auf; die Zuglöcher befanden sich hinten am Ofen.

Die Bauernbacköfen hatten meistens einen Schornstein, der aus Ziegelsteinen gebaut war oder nach alter Art aus einem mit Lehm verschmierten Rutengeflecht, oder, wenn kein Schornstein vorhanden war, war über der Mündung ein Rauchfang (Bosen) gebaut.

Abb. 216) Backofen. Innansicht von Abb. 213. Wadersloh, Kr. Beckum.

Einheizen

Das Einheizen (Inböten) besorgte der Bauer, die Bauernfrau, der Knecht oder die Magd; das war verschieden auf den einzelnen Höfen. Einen besonderen Namen hatte der Einheizer nicht. Das Einheizen begann zwei bis drei Stunden vor dem Backen.

Als Brennmaterial wurde das Holz genommen, das in der betreffenden Gegend wuchs: Birke, Buche, Pappel, Weide; minderwertiges Holz war gut genug dafür. Aber es bestand die Auffassung, daß weiches Holz, etwa das der Weide, besonders günstig auf den Geschmack des Brotes einwirkte. Am beliebtesten war Buchenholz, weil es die meiste Hitze geben sollte.

Die Holzscheite wurden möglichst locker im Backofen aufgeschichtet; des Hineinkriechens einer Person bedurfte es dazu nicht.

Der Ofen war „gut“, wenn nach zwei bis drei Stunden des Heizens festgestellt werden konnte, daß das ganze Innere des Ofens weißlich glühte; man hielt, nach Entfernung der Asche, zur Probe die Hand hinein oder legte eine Roggenähre auf den Herd und beobachtete, ob und wie schnell sie braun bis schwarz wurde und schätzte danach den Hitzegrad des Ofens ab. Oder man streute eine kleine Menge Roggen- oder Weizenkleie über den Herd hin, wobei der Grad der Bräunung der Kleie den Grad der Erhitzung des Ofens anzeigte. Stellte sich bei der oder den Proben heraus, daß der Ofen noch nicht heiß genug war, so wurde das Einheizen in derselben Weise wiederholt wie beim ersten Einheizen.

Auskehren

Das Auskehren von Glut und Asche besorgte dieselbe Person, die den Ofen angeheizt hatte; es erfolgte mit der sogenannten „Bäckerfahne“, ei-

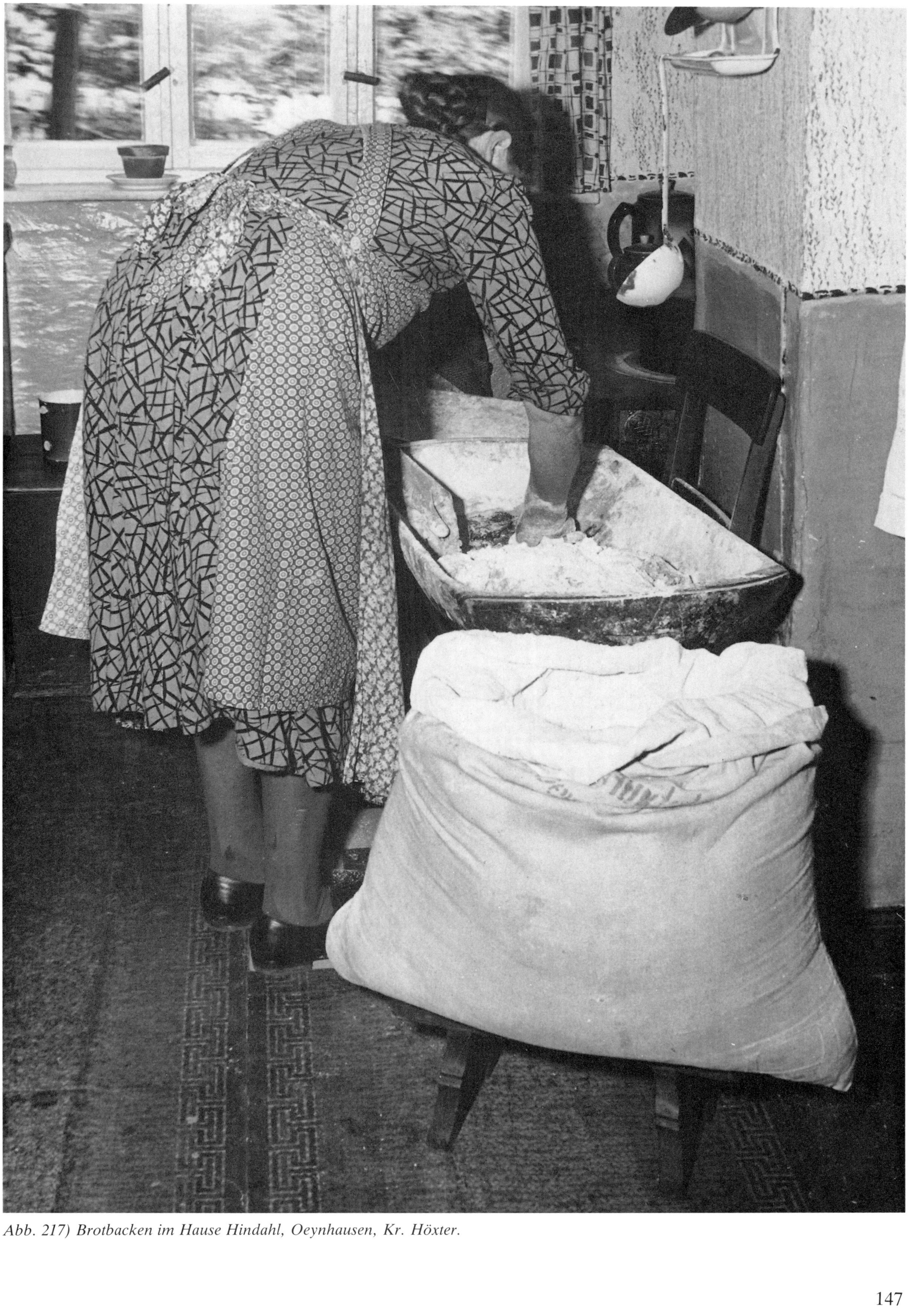

Abb. 217) Brotbacken im Hause Hindahl, Oeynhausen, Kr. Höxter.

ner Stange, an der ein Sacktuch von etwa 80 cm Länge befestigt war; das Sacktuch wurde in Wasser getaucht, ausgeschwungen, damit es nicht zu naß war, aber immer noch so feucht war, daß es nicht in Gefahr war, zu verbrennen.

Die Asche wurde, wie man erzählte, bis zum Anfang der 80er Jahre noch zum Waschen benutzt. Die Holzkohlenasche wurde in den Weihrauchfässern verwandt und am Aschermittwoch für das Aschekreuz.

Herstellen des Teiges

Das Brotbacken erfolgte so oft, wie der Bedarf an Brot auf dem Hofe war, richtete sich also nach der Anzahl der auf dem Hofe zu Beköstigenden, etwa alle zwei oder vier Wochen. Wenn das Brot richtig gebakken und richtig aufbewahrt war, war es auch nach zwei Wochen so frisch, wie man es sich nur wünschen konnte. Aufbewahrt wurde das Brot in dem Backtrog, in dem der Teig geknetet worden war. Dieser Backtrog wurde im Backs aufbewahrt oder im Keller.

Der Bauernstuten wurde aus Mengkorn zubereitet, halb Weizen, halb Roggen, vereinzelt beide gebeutelt. Selten wurde der Stuten aus reinem Weizenmehl gebacken, vereinzelt wurde dem Teig Zucker und Fett (Buttermilch) oder ein Stück Schmalz zugesetzt. Der Brotteig wurde im Backs zubereitet. Nur im Winter bei strenger Kälte wurde der Backtrog in die große Küche, wo das Herdfeuer brannte, oder in die warme Stube getragen.

Das erste Teilstück des Sauerteigs wurde mit Bierhefe bereitet; ein Kind wurde zu einer der beiden Langenberger Brauereien geschickt und holte dort für 20 Pfg „Gest", d.h. zwei Liter Bierhefe. Oder man holte ein Stück Sauerteig beim Bäcker oder beim Nachbarn, der solche Bitte nicht abschlagen durfte. Das gehörte zur Nachbarhilfe, die selbstverständlich war. Wollte man selbst Sauerteig bereiten, so nahm man Roggenmehl, setzte ihm eine Zwiebel und etwas Zucker zu, rührte von Zeit zu Zeit um, und nach 24 Stunden war der Sauerteig fertig. Die Regel aber war, daß der Sauerteig vom letzten Bakken in einem Fäßchen aufgehoben wurde, das etwa acht Pfund Teig faßte; der Sauerteig wurde so fest wie möglich geknetet, kam in einen hölzernen Zubereitungskübel und wurde mit etwas Mehl bestreut.

Das Vorstück des Teiges wird am Vorabend des Backtages angesetzt; man muß dafür sorgen, daß es die richtige Temperatur hat; ist es zu warm, so gärt es über Nacht, und dann fehlt dem Brot die Würze. Das Vorstück wird in eine Höhlung des Teiges gelegt. Man schützt den Teig vor zu kalter und zugiger Luft, indem man ihn mit Mehl bestreut und den Mehlsack noch darüber deckt. Bei gutem Mehl geht der Teig in 20 Minuten bis zu einer Stunde auf. Der Teig muß so lange umgeknetet werden, bis er sich glatt und geschmeidig anfühlt; er darf keine trockenen Stellen und keine „Wasserstellen" haben. Daß der Teig die richtige Beschaffenheit hat, erkennt man ferner daran, daß er sich leicht von den Händen abstreifen läßt. Dazu ein Sprüchlein: „Bäcker, die sind Edelknaben; was sie sich von den Händen schaben, davon müssen sich Fürsten und Grafen laben."

Die Teigreste aus dem Backtrog wurden gern zu Apfelstuten verwandt. Zur Herstellung des Teiges gehört auch ein gewisses Gefühl, das man im Laufe der Zeit erwirbt; immer aber bleibt eine Unbekannte im Spiel, weil jede Ernte ein anderes Mehl liefert je nach den Witterungsverhältnissen des Jahres, der Art und Güte des Saatkornes, der Pflege des Ackers und nach anderen Einwirkungen, die niemals dieselben sind. Der Bäcker bekommt mit dem Mehl ja nicht einen Rohstoff geliefert, der physikalisch und chemisch immer derselbe ist, wie es die Rohstoffe sind, die die Industrie liefert.

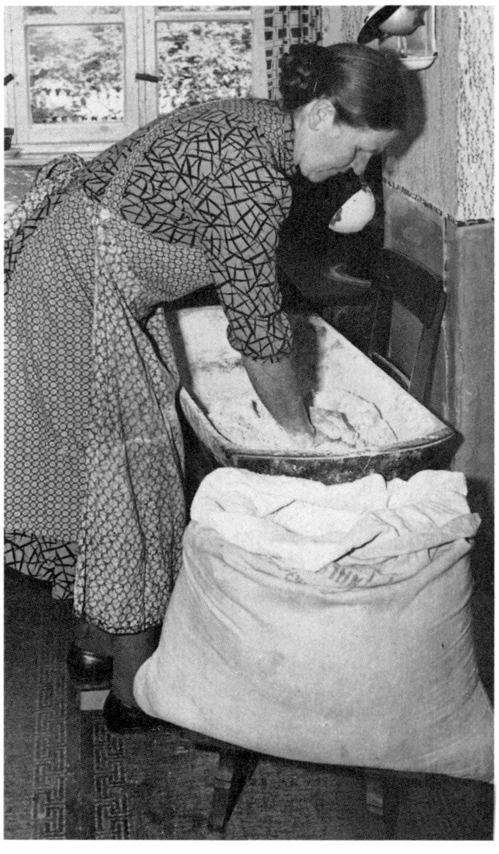
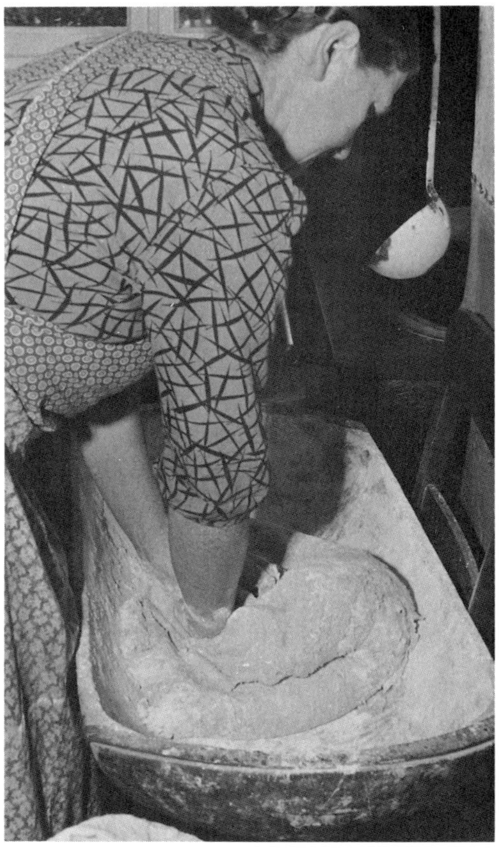

Das Ausformen der Laibe
Der zu einem Laib Brot erforderliche Teig wurde mit einem Brotmesser abgestochen oder mit einem Blechstück, das an einem Stab befestigt war, Krätzer, Teigkrätzer oder Scharrer genannt.

Das abgestochene Teigstück wurde mit der Hand rund geformt und mit Mehl bestreut, dann auf Mehlsäcke gelegt oder auf Bretter, die mit Mehl bestreut waren, weil sich dann die Laibe leichter von der Unterlage abheben ließen. Die Bauernbrote wurden fast kreisrund geformt; sie hatten einen Durchmesser von etwa 30 cm und ein Gewicht von 6 bis 7 Pfund; sie wurden oberflächlich eingekerbt, erhielten einen Schnitt über die Mitte. Eingepinselt wurden sie von den Bauern nicht, nur leicht in Mehl gerollt.

Backen
Beim Einschieben der geformten Laibe war darauf zu achten, daß auf die Laibe keine Zugluft einwirken konnte. Ein Bekreuzigen der Laibe war nicht üblich. Die Laibe wurden im Ofen meist dicht aneinandergelegt, von rechts nach links oder umgekehrt, je nachdem es dem Bäcker am handlichsten war. Wollte man möglichst viel Krusten haben, legte man sie mit einem Zwischenraum hin, sonst dicht aneinander, letzteres z.B. für Brote, die zu Knabbeln verarbeitet werden sollten. Das Bauernbrot blieb etwa 1½ Stunden im Ofen; ob es gar war, wurde dadurch geprüft, daß man ein Brot aus dem Ofen zog und es auf der Unterseite beklopfte, oder indem man mit einer Stricknadel oder einem glatten Draht von der Seite hineinstach: Konnte dieser Gegenstand glatt herausgezogen werden, so war das Brot gar.

Abb. 218 - 220) Kneten des Brotteiges.

Abb. 221) Blick in den brennenden Backofen.

Abb. 222) Einschieben des Brotlaibes.

Abb. 223) Das Innere des Backofens mit eingeschobenen Broten.

Das Herausholen der Brote geschah mit dem Backschieber, auch Schießer genannt. Die aus dem Ofen geholten Brote wurden mit der Oberseite nach unten hingelegt, weil sie so hohl liegen und besser ausdünsten konnten. Abbürsten oder Bestreichen der Brote machte der Bauer nicht, wohl der Berufsbäcker. Zum Abkühlen blieben die Brote im Backs, wurden ins Haus oder in den Keller getragen, je nach der Temperatur der Jahreszeit.

Feinbrot, Knabbeln

Feinbrot wurde von den Bauern selten zusammen mit dem Roggenbrot gebacken; wenn es im Backofen gebacken wurde, dann in einem besonderen Backgang. Das geschah aber nur bei besonderen Anlässen, wie Kirmes oder bei Familienfesten. Gern backte der Bauer für die Kinder eine Reihe Apfelstuten, solange es Äpfel auf dem Hofe gab. Pickert wurde im Backofen nicht mitgebakken, aber Knabbeln wurden stets reichlich gemacht. Von einem Dutzend Stuten wurde nach dem Ausdünsten die Hälfte oder noch mehr zu Knabbeln verarbeitet. Diese wurden in großen Mehlsäcken aufbewahrt, weil diese besonders fest gewebt waren, an der Innenfläche auch noch einen Hauch Mehl hatten, wodurch das Feuchtwerden der Knabbeln verhindert wurde. Diese Säcke mit Knabbeln wurden, um sie dem Zugriff der Mäuse zu entziehen, auf der Kornkammer an Drähten am Unterzug der Balken aufgehängt. Einige Bauern bewahrten die Knabbeln in der Truhenbank auf, die auf der Vorratskammer ihren Platz hatte, andere in Weidenkörben.

Abb. 224) Backen von Stuten und Knabbeln auf Hof Hoßling in einem Backhaus von 1805. Catenhorn bei Rheine.

Abb. 225) Bauer Lohmann, Sprockhövel, Ennepe-Ruhr-Kreis, mit sechs frisch gebackenen Stuten vor seinem Backhaus.

Pumpernickel

Wie lange noch auf den Bauernhöfen Pumpernickel gebacken worden ist, weiß ich nicht, habe es auch nicht von alten Leuten gehört. Schon seit meiner Kindheit in den 1880er Jahren wurde Pumpernickel nur noch vom Berufsbäcker gebacken. Den Teig aus Roggenschrot machte der Bauer selbst – einen Brotlaib von 10, 20 oder auch 30 Pfund – fuhr ihn auf einem Karren oder einer Schubkarre zum Bäcker oder trug ihn auf dem Rücken dorthin. Die Größe des Brotlaibes richtete sich nach der Zahl der Bewohner des Hofes. Der Teig mußte an einem bestimmten Tage zu einer bestimmten Stunde beim Bäkker angeliefert sein, zu der der Bäkker so viele Brotlaibe bestellt hatte, als der Ofen faßte. Das Vorstück des Teiges setzten der Bauer, die Bauersfrau oder der Knecht an; diese kneteten auch den ganzen Teig durch. Ich selbst habe es am Ende des vorigen Jahrhunderts nicht mehr mit eigenen Augen gesehen, daß der Teig mit Füßen geknetet wurde, aber es ist noch bis 1900 vorgekommen; das machte ein starker, schwerer Mann, der vorher ein Fußbad genommen hatte. Holzschuhe wurden beim Kneten nicht angezogen. Beim Bäcker blieben die Brote 24, auch mal 30 Stunden im Ofen und wurden dann von den Bauern wieder abgeholt, wieder mit Karren, Schubkarren oder auf dem Rücken. Es gab aber auch kleine Leute, die den dann nicht allzu schweren Brotlaib auf einem zugespitzten Stock, nach Art eines Besenstiels, der aber nur für diesen Zweck gebraucht wurde, auf dem Rücken nach Hause trugen, indem sie die Spitze des Stieles in den Brotlaib steckten; so hat es z.B. noch meine Großmutter gemacht und so den einstündigen Weg zum Bäcker zurückgelegt.

Der Teig mußte vor dem Backen eine halbe bis eine Stunde ruhen. Das Formen der Brotlaibe geschah mit der Hand. Zuerst wurde eine runde Form gemacht, diese dann in die kantige umgearbeitet. Der Ofen wurde zum Pumpernickelbacken mindestens zwei Stunden geheizt, mußte dann noch eine halbe Stunde abstehen. Die Ofentür wurde während der Backzeit mit Lehm verschmiert oder die Ritzen der Eisentür mit Brotteig, so daß kein Dampf entweichen konnte. Nach dem Backvorgang wurde dieser hart gewordene Brotteig von den Türritzen mit einem Spachtel abgekratzt, aufgefangen und als Viehfutter verwendet.

Abb. 226) Frau mit Backbrett voller noch nicht abgebackener Brote auf dem Weg zum Dorfbackhaus. Afholderbach, Kr. Siegen.

Die Pumpernickel wurden im Keller aufbewahrt, damit die harte Kruste durch die feuchte Kellerluft etwas erweicht wurde, oder es wurde ein feuchtes Tuch um den Pumpernickel geschlagen. Andernfalls wäre die Kruste steinhart geworden und hätte mit dem Brotmesser kaum noch geschnitten werden können. Es gab Bäcker, die jeden Tag Schwarzbrot backten und dabei gut verdienten; andere Bäcker backten Schwarzbrot nur an einem bestimmten Tag.

In dem Maße, in dem die Lebensweise sich verfeinerte, in dem mehr Weißbrot (Stuten) gegessen wurde, wurde das Schwarzbrotbacken seltener. Der Name „Pumpernickel“ war in meiner Jugend unbekannt. Man sprach einfach von „Braut“ und meinte damit das, was man später Pumpernickel nannte; oder man sagte „Schwattbraut“ im Gegensatz zu Stuten.[24]

Bericht eines Schäfers aus dem Münsterland

Ich weiß nicht genau, wieviel Telgter Bauernhöfe Schafherden hatten, schätze aber, es waren 8 – 10 Betriebe. Nicht jeder Hof hatte eine Herde, die fast immer vom Onkel oder vom Sohn oder wie bei uns, vom Bauern selbst betreut wurde. Wir hatten früher zu Vaters Zeiten noch einen Schäfer und einen Knecht auf dem Hof. Wenn die Schafe im Pferch oder im Stall lagen, half der Schäfer auch bei anderen Arbeiten mit. Schäfer und Knecht gehörten zur Tischgemeinschaft der Familie. Damals kamen auch Wanderschäfer aus der Gegend von Paderborn und von Büren in die Telgter Gemarkung, die Berufsschäfer waren. Kötter hatten machmal ein bis zwei Schafe in ihrer Weide. Man trug ja noch Wollkleidung und aß als willkommene Abwechslung gern Schaffleisch, besonders, wenn es gut zubereitet war, gekocht oder gebraten. Der Braten wurde besonders delikat, wenn er zwei bis drei Tage in Buttermilch gelegen hatte. Im Herbst gab es Steckrübengemüse zum Schaffleisch. Schafskäse machten wir nicht.

Schafzucht
In der Telgter Gegend wurde das „deutsche schwarzköpfige Schaf" gehalten. Bis 1918 nannte man die Rasse „englische Schwarzköpfe". Der Name wurde nach dem verlorenen ersten Weltkrieg verboten.

Bauern, die Wert auf Schafzucht legten, wählten ihre Muttern nach Gesundheit, Wuchs und Wollbesatz aus; ebenso die Zuchtböcke. Die Nachkommen wurden bevorzugt von den ausgesuchten Tieren genommen. Heute (1973) gibt es Körkommissionen und eine Körordnung nach dem Tierzuchtgesetz. Ich kaufe meine Zuchtböcke auf der Zuchtauktion des Verbandes der Schwarzkopfzüchter in Paderborn. Der neue Zuchtbock kostete im Herbst 1972 1.400,00 DM.

Umfang der Herde
Der Umfang der Schafhaltung richtete sich nach der Zahl der Futterflächen von absolutem Schaffutter. Un-

Abb. 227) Schäfer mit Schafherde. Geester Feld bei Meppen, 1926.

serer Stammherde von 100 Muttern steht genug Futter zur Verfügung. Nach dem Ablammen verdoppelt sich die Herde, um dann nach dem Schafverkauf auf den Märkten oder den Zuchtauktionen wieder zu schrumpfen.

Lebensverhältnisse des Schäfers

Das Handwerk der Schäferei lernte ich vom Vater von der Pike auf mit der Landwirtschaft. Eine geordnete Lehre gab es vor 50 Jahren noch nicht. Mein jüngerer Bruder hat den Hof bekommen, ich die Schäferei. Wir arbeiteten Hand in Hand. Zum Heiraten bin ich nicht gekommen. Für mich ist die Schafherde die Grundlage meiner Existenz. Alle Schafe gehören mir. Ich wohne mit drei unverheirateten Schwestern, die alle im Betrieb mitarbeiten, auf dem Hofe der Gesamtfamilie. Wenn ich mit den Schafen weit vom Hofe weggehe, nehme ich mir für den ganzen Tag Butterbrote mit. Es steht die Herde wohl auch bei den Hunden, und ich fahre mit dem Fahrrad zum Essen nach Hause. Früher ging der Schäfer zum nächstliegenden Bauernhof und aß dort mit; Vater tat das auch. Nachts bleibe ich bei meiner Herde im Schäferkarren. Darin schläft es sich gut. Ich habe ein richtiges Bettlager mit Kopfkissen, zwei Decken und Federbett. Selbstredend ziehe ich mir zum Schlafen die Kleider aus. Unter dem Karren hat noch eine Hundehütte Platz. Im letzten Winter war ich bis Weihnachten draußen. Man muß die Zeit nützen. Das Ziehen mit den Schafen ist heute schwierig. Auf öffentlichen Straßen gibt es auch für den Schäfer eine Straßenverkehrsordnung, die sicherlich nötig ist. Vor Sonnenaufgang und nach Sonnenuntergang darf ich nicht auf Straßen treiben.

Beobachtung der Natur

Vom Vater lernte ich auch das Helfen bei der Geburt von Kälbern und Schweinen, werde aber heute selten geholt, wo ja die Höfe keine Kühe mehr halten. Vater war ein guter Kenner der Natur. Gräser und Kräuter, Sonne und Regen, Eigenarten der Tiere, davon kannte er viel. Ich habe auch Freude daran und lernte eine Menge davon.

Kleidung und Ausrüstung

Die Schäfer trugen früher bei gutem Wetter einen langen blauen Kittel; bei Regen hatte man den Umhang. Da ging der ganze Mann drunter. Im Winter zogen wir neben warmem Unterzeug den schweren Wollmantel an; dazu den großen Schäferhut. Vater strickte gern und zwar Strohbindseile aus Hanf zu Überziehsocken, die man über die Strümpfe zog. Sie schonten die Wolle in den Holzschuhen und hielten die Füße warm. Heute trage ich einen grünen gummierten Regenmantel. Der läßt auch keinen Wind durch. Sonst trage ich den Umhang und kleide mich heute wie jeder andere auch. Sonntags trage ich für die kurzen Freistunden einen guten Anzug.

Als Ausrüstung für das Hüten trug mein Vater die Schäferschüppe. Das Schüppchen ist vorn etwa 30 cm groß. Man warf damit Erde auf die Schafe, um sie auf etwas aufmerksam zu machen. Da, wo die Schüppe an den Stiel gepaßt ist, saß ein Haken, mit dem man Schafe am Hinterschenkel einfing und hielt. Der Schüppenstiel war so lang, daß er unter die Achsel paßte. So konnte man sich beim Flächenhüten darauf stützen. Ich habe heute einen deftigen Handstock mit einer 2 Finger breiten Zwinge daran.

Abb. 228) Schäferkarren. Hof Schulte zur Surlage, Peckeloh, Kr. Halle. Der Karren dient nicht mehr seinem ursprünglichen Zweck.

Schafstall

Der Schafstall steht auf unserem Hofe. Er ist ein Teil des Fachwerkbaues der Scheune. Die Ständer des Baues stehen auf Flinten. Die gab es früher mehr im Felde als heute. Bei starkem Wind und Frost stellen wir Strohbunde an die Wände rundherum, besonders an die große Tür. Früher wurden die Schafställe mit Plaggen und Sand ausgestreut. Darauf brachte man abwechselnd den Pferdemist, auch Stallmist vom Rindvieh, der dann wieder mit Plaggen überfahren wurde. Plaggen, das sind abgehacktes Heidekraut und Grashorste mit Sand, waren der selbsterzeugte Dünger für den Acker. Der Kunstdünger kostete Bargeld. Durch diese Dungzufuhr erreichten die Eschböden eine ständig sich vergrößernde, erhöhende Krume, die ½ bis 1 m Stärke erreichte, soviel Sand und Plaggen wurden im Laufe der Jahre aufgebracht.

Schafweide

Als Schafweide haben wir die Sommerweide sowie die Herbst- und Winterweide, an welche sich die Stallhaltung anschließt. Ich überhüte Wiesen, Weiden, gute Feldwege,

Abb. 229) Schafstall. Hof Schulte Hillert, Stevede bei Coesfeld.

Unlandflächen, heute den Flugplatz im Berdel, habe abgemähten Klee und das nachgewachsene Landsberger Gemenge im Sommer. Zum Herbst fallen die Getreidestoppeln an. Die Schafe suchen die abgeernteten Kartoffel- und Rübenfelder ab. Bis zum Frost bleibt noch allerlei Futter draußen zu finden. Im Stall werden die nachgeharkten Ähren (Schleppfutter) verfüttert. Oft muß auch noch ein Fuder Heu zugekauft werden. Haferschrot für die säugenden Muttern tausche ich gegen Schafmist mit meinem Bruder. Als früher das Getreidestroh noch Unkrautgras hatte, fütterte das Stroh besser als heute, wo alles Unkraut kaputt gespritzt wird. Auch Sojaschrot füttere ich neben Heu, Runkeln und Stroh, das ich mit meinem Bruder tausche.

Lämmer

Wir trennen im Stall die Muttern mit Lämmern von der anderen Herde, um sie besser und anders füttern zu können. Die Lämmer können durch Schlupflöcher umherlaufen. Sie finden am Geruch die Mutter und die Mutter ihr Lamm wieder. Als neulich ein Lamm einging, suchte es die Mutter blökend. Da habe ich das Fell vom toten Lamm einem Zwillingslamm umgehängt. Und die Mutter hat das Lamm, das ihr an sich fremd war, des Geruches wegen angenommen und gesäugt.

Austreiben

Ab April treibe ich zum Abend die Herde draußen in Hürden. Wir nennen das „pferchen“. Morgens, wenn der Tau vergangen ist, treibe ich aus und schlage die Hürde um. So wird das Feld von Tag zu Tag überdüngt. Ich bleibe in meinem Karren mit den Hunden bei der Herde. Nasse Flächen sind als Schafweiden ungeeignet. Es besteht dort leicht die Gefahr eines Befalles mit Leberegeln. Trockene Weiden sind gesünder. Bei großer Sommerhitze ist es morgens nicht taunaß. Ich treibe früh aus – sonst nicht vor 10 Uhr – und raste über Mittag am Waldrand im Schatten. Früher gab es begrünte Graswege in der Feldmark. Viele sind heute zu Asphaltstraßen geworden. Für die modernen Maschinen ist das gut und richtig. Aber am Rain ist das Gras von Dreckspritzern verschmutzt und von den Abgasen der Schlepper und Autos ungenießbar gemacht. Die Schafe meiden es.

Wenn die Herde stehen soll, dann rufe ich: „rrrick, rrrick“. Dann bleibt sie stehen, und die Hunde halten die Tiere zusammen. Abends fressen die Schafe am eifrigsten. Bei einem Unwetter – ja, das ist unangenehm, die unruhigen Tiere zusammenzuhalten.

Hunde

Ohne Schäferhunde kann die Herde nicht gehen. Er hält sie beisammen, grenzt ihr die Wege ab, steht Posten dort, wo nicht geweidet werden darf und wacht über die Herde. Auf dem Hofe Picker wurde der „Altdeutsche Schäferhund“ gezüchtet. Picker bildet die Hunde für die Herde selber aus. Erst lernen es die Hunde, an der Furche zu gehen, angeleint an eine kurze, dann eine lange Leine und auf Zuruf diese oder jene Verrichtungen an der Herde zu tun, lernen den Keulenbiß, den die Schafe fürchten. Die Ausbildung darf nicht länger als ein Dreivierteljahr dauern, in der Zeit muß der Hund alles können; sonst ist er als Herdenhund nicht zu gebrauchen.

Feste
Nach dem Schafmarkt, der im November nach der Hütezeit in Soest stattfindet, ist in Erwitte Schäferball. Am Weihnachtstag hat der Schäfer arbeitsfrei. Die anderen machen seine Arbeit an diesem Tage mit.

Schafschur
Bei der Schafschur (Ende Mai – Anfang Juni) ging es schon um 4 Uhr in der Frühe los mit der Arbeit. Wir scherten mit drei bis vier Mann, jeder 25-30 Tiere am Tag. Die gelernten Scherer saßen auf einer langen Bank, fingen sich ein Schaf und banden die Hinterfüße zusammen. Sie hoben das Schaf halb zum Sitzen, halb zum Liegen auf die Bank oder gar auf den Schoß. Das andere Ende der Bindeschnur machte sich der Scherer am Schuh fest, damit er die Hinterbeine immer stramm ausziehen konnte. Man mußte bei der Arbeit einen alten Anzug anhaben, weil dieser durch das Tier ganz fettig wurde. Dann schor man mit der Schafschere von Hand. Bei der Arbeit gab es Schnaps, dessen Wirkung mancher Scherer am Ende spürte. Als Arbeitslohn bekam der Scherer je Tag 3-5 Mark. Mittags gab es gutes Essen: Lammfleisch, Gemüse, Salat und Soßekartoffeln. Die geschorene Wolle wurde schön zusammengelegt. Je fünf Vließe rollte man zusammen und band sie über Kreuz. So wurde die Wolle an den Wollkäufer verkauft. Heute trennt man bei der Schur fein säuberlich von einander Bauchwolle, Kopfwolle, Schwanzwolle und dann als teuerste die Rükkenwolle. Die Wolle wird auf der Wollauktion in Paderborn als Schmutzwolle verkauft. Dort bekam man auch gesponnene Wolle für den eigenen Verbrauch zurück, als Tausch oder im Kauf.

Abb. 230) Schäferkarren und Schafhürde der Schäferei Wiesenhöfer, Dortmund-Brakel, aufgestellt in der Brechtener Flur.

Abb. 231) Schäfer Wilper mit der Herde von Lahrkamp. Haus Rüschhaus, Nienberge bei Münster.

Waschen der Schafe
Früher wurden die Schafe vor der Schur in der Ems gewaschen. Ein Mann stand an der Ems, man reichte ihm ein Schaf zu, das er mit dem Kopf über Wasser hielt. Das Schaf durfte nicht auf Grund stehen, sondern mußte schwimmend gehalten werden. Es hätte sonst den Wäscher auf die nackten Füße getreten. Die Schafklauen sind hart und kantig. Man wusch gegen den Strom der Ems. Mit der freien Hand wurde der Wollstapel nach und nach im Wasserfluß ausgedrückt. War gut durchgewaschen, wurde über staubfreie

Abb. 232) Schäfer mit Schafherde. Grafeld, Kr. Bersenbrück.

Wege getrieben. Die gewaschenen Schafe erhielten gute Streu und – je nach Wärme– etwa nach 14 Tagen wurde die gewaschene Wolle geschoren. Besondere Waschanlagen bestanden in der Ems nicht.

Kennzeichnung
Zur Kennzeichnung der Schafe tupfte man abwaschbare Farbe auf den Rücken der Tiere. Es gab keine Ohrkerben oder Ohrmarken, weil die Herde mit fremden Herden nicht zusammenkam. Ein Schäfer kennt seine eigenen Schafe gut.

Krankheiten
Einen Salbentopf habe ich immer in der Tasche bei mir. Mein Vater bereitete sich Quecksilbersalbe gegen die Schafräude. Er teilte die Wolle auf den erkrankten Stellen und rieb die Haut Stapel für Stapel ein. An Krankheiten kam früher mehr als heute die Moderhinke vor. Die Klauen wurden ausgeschnitten und mit Kupfervitriol bestreut. In der Haut setzten sich Zecken fest. Leberegelseuche zeigte sich daran, daß die Augen gelblich statt weiß wurden. Auch bekamen die Schafe unter den Kinnladen einen Wasserbeutel; ein „Kigger“ war das untrügliche Zeichen für Leberegelbefall. Gegen die Drehkrankheit half meistens nur das Schlachten der befallenen Tiere zu Hundefutter. Ich habe bei Lämmern schon viermal Knochenbrüche geheilt, selbst als mir der Hausarzt, der mir entgegenkam, als ich das Lamm auf den Armen trug, zum Schlachten riet. Ich lege mein Lamm auf den Tisch und taste die Bruchstelle erst richtig zusammen. Die Stelle bestreiche ich mit Holzteer zur Desinfektion. Dann binde ich die Bruchstelle mit Bindfaden zusammen, lege darüber eine Leinenbinde und passe vier Brettchen mit abgerundeten Kanten an, binde sie mit Strohbindeseil in Holzteer um den verletzten Fußteil und gebe außen nochmal eine Leinenbinde darum.[25]

Abb. 233) Schafschur in Südhemmern, Kr. Minden, 1919.

Bienenhaltung

Ein Bericht aus dem Märkischen Sauerland

Mein Vater war neben seinem Beruf als Bauer ein Imker aus Leidenschaft. Er ohne Bienen, das war nicht denkbar.

Heute, zurückblickend, meine ich, daß mein Vater ein guter, erfolgreicher Imker gewesen ist. In meiner Kindheit, vor 1914, quollen seine 8-10 Bienenkästen im Sommer über von fleißigen Bienen. Fast jeden Sonntag (im Sommer) konnte oder mußte geschleudert werden. Gewiß, der Haushalt hatte leckeren Honig, aber meinem Vater war die Imkerei eine liebe Beschäftigung. Doch ein wirtschaftlicher Erfolg ist die Bienenhaltung wohl nie gewesen.

Strohkörbe

In meiner Kindheit wurde noch in Strohkörben („Bieken") geimkert. Noch heute ist ein solches „Bieken" erhalten. Es ist ein dick geflochtener Strohkorb. Er wurde später immer gebraucht, wenn Bienenschwärme eingefangen und eingeschlagen werden mußten. Ferner war noch lange ein dazu passender ebenfalls aus Stroh geflochtener Ring vorhanden. Dieser wurde wohl zur Erweiterung des Brutnestes gebraucht, indem man den Korb darauf setzte. Wie nun wirklich in diesen Strohkörben geimkert wurde, kann ich nicht sagen. Erlebt habe ich aber, daß die Honigwaben herausgeschnitten wurden, die dann in einen Leinensack kamen. In der Stube war an einem Deckenbalken ein Ring befestigt, an ihn hängte man den Sack. Nun versuchten zwei Männer, die sich gegenüberstanden, mit zwei Rundhölzern den Honig herauszupressen. Der Honig wurde in einem darunter stehenden Gefäß aufgefangen. Das Wachs wurde erhitzt und ausgelassen.

Bienenhaus

Unser altes Bienenhaus, „die Immenhütte", stand oben im Garten. Aus Fichtenkanthölzern von etwa 8 × 8 cm war es gezimmert. Die Grundpfosten aus Eichenholz waren auf Steine gelegt. Ansonsten war es mit Brettern benagelt, die weißgrün gestrichen waren. Am Hang hinter der Hütte war eine verwilderte Schneebeerenhecke.

Bienenjahr

Nun möchte ich vom Bienenjahr erzählen, wie ich es aus meiner Kindheit noch in Erinnerung habe. Doch vorweg möchte ich bemerken, ich selbst bin kein Imker. Wohl habe ich versucht, als mein Vater es nicht mehr recht konnte, weiter zu imkern, doch mir fehlte der Erfolg, so habe ich es fallen gelassen.

Ende Februar, wenn die Sonne tagsüber die Schneereste zum Schmelzen brachte, sie so auch schon etwas wärmer gegen die Immenhütte schien, lockte sie damit die Bienen zum ersten Reinigungsflug heraus. Das war für meinen Vater immer ein freudiges Ereignis. „De Immen fleiget", so sagte er froh. War dadurch doch erwiesen, daß seine Lieblinge den Winter überstanden hatten. In der Nähe der Immenhütte durfte keine Wäsche hängen, sie wäre unangenehm braun befleckt worden. Später, Anfang April, so entsinne ich mich noch, war mein Vater oft vor dem Bienenhaus und beobachtete die Bienen. Man konnte sehen, wie sie höselten, d.h. Pollen (Blütenstaub) einbrachten, die mit Honig vermischt die Nahrung für den Nachwuchs darstellten. War ein schwaches Volk da, d.h. flogen aus einem Kasten nur wenige Bienen, so verengt mein Vater mit einem kleinen Holzstückchen das Flugloch, um Räubereien zu verhindern. Ein solches Volk war gewiß irgendwie verdächtig. An einem warmen Tage öffnete er ein solches Volk. Es konnte weisellos (ohne Königin) sein, oder die Futtervorräte waren aufgezehrt. Je nach Umständen wurde es dann behandelt.

Draußen war die Salweide (Weidenkätzchen) längst erblüht, bald blühen auch Schwarzdorn und Kirsche, dann Birnen und Äpfel und noch viele andere Frühlingsblüher, die den begehrten Pollen und Nektar im Überfluß lieferten. Gleichlaufend damit infolge dieses Überflusses erstarkten auch die Bienenvölker. Bald waren an dem Fenster im Bienenkasten, das den Abschluß der Wabenrähmchen-Reihe bildete, Anfänge von Wabenbau zu sehen. Es war dies ein Zeichen, daß sich das Volk gut vermehrt hatte. Durch Zuhängen von gebrauchten aber leeren Waben erweiterte mein Vater dann das Brutnest. Es war wohl Mitte Mai, dann wurde der Honigraum freigegeben. Mein Vater imkerte in Dahte-Kästen mit Normal-Rähmchen. Es waren doppelwändige Kästen, die im Innern zwei Etagen hatten. Beim Freigeben des Honigraumes wurden in diese zweite Etage ausgebaute Altwaben gehängt der Stärke des Volkes entsprechend, wohl zunächst fünf bis sechs Wabenrähmchen. Die trennenden Zwischenbrettchen wurden entfernt und durch ein Absperrgitter ersetzt. Dieses Absperrgitter war so gestaltet, daß es wohl die Arbeitsbienen passieren konnten, aber nicht die Königin. So konnten die Arbeitsbienen den Honig in die Waben eintragen, ohne daß die Gefahr bestand, daß die Königin diese Waben mit neuer Brut versorgte. Das Bienenvolk war nun in eine rasante Phase der Entwicklung eingetreten. Brut- und Honigraum mußten immer wieder erweitert werden.

Die in der näheren Umgebung wohnenden Imker hatten einen Imkerverein gegründet. Außer dem Austausch gegenseitiger Erfahrungen war er bei der Beschaffung von Imkereigeräten, Kunstwaben, Zukker usw. behilflich. So konnte man auch Kunstwaben im Umtausch gegen Wachs bekommen.

Schwärmen

Das Bienenvolk stand Ende Mai, Anfang Juni auf dem Höhepunkt seiner Entwicklung. Naturgemäß wollte es sich vermehren, schwärmen, ein neues Volk abzweigen. Ein gutes Zeichen für diese Schwarmbereitschaft war, wenn man spät abends im Bienenstock ein tüt-tüt-Rufen der Königin hören konnte. Oft habe ich dann abends die Völker auf dieses Rufen abgehört. Ja, dann gab es aus diesem Bienenstock, aus dem der Ruf zu hören war, in wenigen Tagen einen Schwarm. An einem schönen Spätvormittag war im Garten ein kräftiges Brausen und Summen zu hören. Man konnte sehen, wie eine unendliche Zahl Bienen in der Luft schwirrte und sich bald an einem Stachelbeerstrauch zu einer Traube sammelte. Hatten sie sich festgesetzt und schwirrten nur noch wenige herum, dann war es Zeit, den Schwarm einzuholen, einzuschlagen. Zögerte man allzulange, konnte es gesche-

Abb. 234) Bienenschwarm in einem Apfelbaum hängend. Lünen.

hen, daß der Schwarm auf und davon flog. Ein paarmal habe ich beim Aufenthalt draußen auf dem Felde oder im Walde einen solchen abfliegenden Schwarm erlebt.

Mein Vater setzte sich die Bienenhaube auf, zog Handschuhe an und setzte einen Brettstuhl neben den Schwarm. Nun nahm er das schon erwähnte Bieken (Strohkorb) und hielt es mit der offenen Seite unter den Schwarm. Mit einem Schlag an den Zweig, an dem der Schwarm hing, fiel dieser nun in das Bieken. Vorsichtig stülpte er dieses nun auf den Stuhl. War der Schwarm in Ordnung und die Königin mit im Bieken, so waren bald auch alle Bienen mit darin und flogen bald friedlich aus und ein. Das Flugloch war eine kleine Aussparung am unteren Biekenrande. Mein Vater bereitete nun einen Kasten vor, der den Schwarm aufnehmen sollte. Es wurden fünf bis sechs Waben, einige mit etwas Futter, eingehängt. Abends wurde der Schwarm in den Kasten eingebracht. In der Regel war am anderen Tage ein friedliches Aus- und Einfliegen der Bienen vor diesem Kasten zu sehen. Es ist auch schon mal geschehen, daß durch irgendeinen Zufall die junge Königin verunglückte, dann machte sich eine große Unruhe in dem Volk bemerkbar. In diesem Falle, wenn das Volk ohne Königin, also weisellos geworden ist, fliegen die Bienen sehr bald ins Muttervolk zurück.

Abb. 235) Imker beim Einfangen eines Bienenschwarms. Wettringen, Kr. Steinfurt, um 1930.

Honigernte

Mitte bis Ende Mai oder Anfang Juni sind alle Bäume und Sträucher abgeblüht. Bei recht warmem und sonnigem Wetter hatten sie gut gehonigt. Im Bienenstock war manche Wabe mit Brut bestiftet, neue gebaut und viele über und über mit Honig gefüllt. Diese Honigwaben sind schon gedekkelt, d.h. sie sind mit einem dünnen Wachsplättchen überdeckt und verschlossen, um den Honig darin gegen äußere Einflüsse abzusichern. Nun war die Zeit der Honigernte gekommen. Mein Vater bereitete sich für diese Tätigkeit vor. Das geschah meistens sonntags. Die Honigschleuder wurde hervorgeholt und gereinigt. Er setzte die Haube auf und zog die Handschuhe an und steckte seine Bienenpfeife in Brand. Vorsichtig, um das Bienenvolk nicht unnötig zu reizen, öffnete er den Bienenstock. Er legte das Glasfensterchen beiseite und die ersten Waben, zum Teil nur gefüllt, in einen bereitstehenden Kasten. Nun kamen aber schon gefüllte Honigwaben. Mit der Wabenzange wurden diese herausgenommen. Von den gefülltesten und schwersten, schon weitgehend gedeckelten, fegte er mit einer großen Gänsefeder die Bienen ab. Waren sie dazu noch ohne Brut, so wurden sie zum Schleudern beiseite gelegt. Waren nun soviele beisammen, daß sich das Wegbringen lohnte, habe ich diese Honigwaben zum Schleudern in den Keller gebracht. Oft habe ich bei dieser Honigentnahme meinem Vater zugesehen. Er zeigt mir dann die junge Brut, sowie auch die der Drohnen, auch hin und wieder eine Königinnenzelle (Weiselzelle) am Rande der Wabe. War ein Volk nun so offen, so hat mein Vater sich immer bemüht, auch die Königin zu sehen. Es gehört gewiß schon ein wenig imkerliches Können dazu, in dieser Unzahl von Bienen möglichst ohne viele Umstände dieses etwas längere und größere mit spitzem Hinterleib versehene Tierlein zu finden.

So wurde nun jedes Volk auf seinen Honigvorrat nachgesehen. Beim Wiederschließen des Stockes wurden die entnommenen Honigwaben selbstverständlich durch andere leere ersetzt, wenn es sich ergab, von denen, die vom Schleudern zurückkamen. Eine solche Honigentnahme war gewiß ein tiefer Eingriff in das Bienenleben. Gewiß wehrte es sich dagegen, aber der Rauch der Bienenpfeife hielt die Bienen im Schach. Trotzdem setzte es noch einige Bienenstiche. Besonders stechfreudig und gereizt waren sie bei schwülem Gewitterwetter, dann wurde besser nicht an den Bienen gearbeitet.

Abb. 236) Imker vor seinen Bienenkörben. Bauerschaft Herbern bei Greven, Kr. Münster, 1910.

Schleudern des Honigs
Im etwas dunkeln Keller, die Tür stand offen, damit noch Bienen abfliegen konnten, wurde der Honig aus den Waben geschleudert. Diese Honigschleuder stand auf drei Füßen. Ein Mantel rund aus Blech mit nach oben in der Mitte konischem Boden enthielt innen einen dreiseitigen Korb mit gitterartigen Wänden, die von der Seite her von unten dann mit einem Riemen angetrieben wurden. Mit einer Kurbel wurde die Schleuder gedreht. Die Waben wurden an die Innenseite des Gitters gestellt. Durch Drehen an der Kurbel – es war sogar eine Geschwindigkeitsübersetzung gegeben – wurde dieser Gitterkorb in rotierende Bewegung gebracht. Durch die entstehende Zentrifugalkraft wurde so der Honig an die Innenwand des umgebenden Mantels geschleudert. Er floß an dieser Wand herab auf den Boden der Schleuder und durch einen Ausguß in ein darunter gestelltes Honigsieb und schließlich zum Auffangen in ein Gefäß. Wenn eine Seite der Waben ausgeschleudert war, wurden die Waben umgestellt, um auch die andere Seite zu entleeren. Die Wabe besteht ja aus der etwas stärkeren Mittelwand und den nach beiden Seiten aufgesetzten Zellen. Selbstverständlich wurde vor dem Schleudern die Dekkelung der Waben mit einer Spezialgabel entfernt. Besonders schöne, frischgebaute Waben wurden schon mal nicht geschleudert, man aß diesen Wabenhonig, so wie er war.

War das Frühjahr warm und auch wohl etwas feucht gewesen, konnte um den 25. Mai zum ersten Male geschleudert werden. Dieser erste Honig des Jahres, überwiegend von Obstbaumblüten gesammelt, war recht dünnflüssig und klar. Die sehr vielen Ackerunkräuter, namentlich Hedrich und Senf waren damals weiterhin im Juni eine sehr gute Bienenweide. Ein durchschlagendes Bekämpfungsmittel gegen diese Unkräuter hatte der Bauer damals nicht. Darauf führe ich die damaligen besseren Honigernten zurück. In den Jahren um 1930, als man durch intensiveren Fruchtanbau diese vielen Unkräuter besser zu bekämpfen in der Lage war, ging auch der Honigertrag spürbar zurück.

Heidehonig
In meiner Kindheit, als noch das Heidekrauthacken zur Einstreugewinnung üblich war, honigte gelegentlich im August auch noch die junge Heide. Dieser Heidehonig war dunkel und zähflüssig, er ließ sich kaum schleudern. In den letzten Jahrzehn-

Abb. 237) Imker mit „eingeschlagenem" Bienenschwarm. Der Schwarm füllt ein Drittel des Korbes. Catenhorn bei Rheine.

ten ist das Heidekraut in den Wäldern sehr zurückgegangen, Heidehonig wird es im hiesigen Raum wohl gar nicht mehr geben.

Einwintern

Schon im Monat Mai ist der Höhepunkt der Volkentwicklung bei den Bienen erreicht. Das Schwärmen läßt nach, weniger Honig fällt an. Im August, September geht der Bestand an Bienen in den einzelnen Völkern mehr und mehr zurück. Laufend verkleinert der Imker durch Entnahme nicht mehr besetzter Waben den Stock, bis schließlich der Honigraum gänzlich frei ist und das Volk sich wieder auf den Brutraum beschränkt. Nun muß der Imker bald an das Einwintern seiner Lieblinge denken. Für den entnommenen Honigvorrat muß er ihm Ersatz als Winterfutter geben, er tut das mit Zuckerwasser. Etwa von Mitte Oktober an hatte mein Vater die Bienen gefüttert. Wohl eine Woche lang wurde ihnen jeden Abend Zuckerwasser gegeben. In einer bestimmten Menge warmen Wassers wurde eine bestimmte Menge Zucker aufgelöst. Im Bienenkasten unten an dem Fenster als Abschluß der Wabenreihe konnte eine schmale Leiste entfernt werden. An deren Stelle paßte der Futtertrog für die Bienen. Das Zuckerwasser wurde in ¾ Liter Flaschen gefüllt, diese wurden umgestülpt auf ein Loch in dem Futtertrog gestellt, so daß der Inhalt sich auf den Boden des Futtertroges verteilen konnte. Durch eine schmale Öffnung in ganzer Länge des Troges konnten nun die Bienen vom Stock aus das Futter eintragen.

Wichtig für das Einwintern war ferner ein genügender Schutz gegen die Kälte. Im Bienenkasten wurden hinter und über dem Bienenvolk mit alten Lumpen gefüllte Kissen gepackt, auch wohl eine dicke Lage Papier gelegt. Somit war wohl alles getan, um im nächsten Frühjahr ein gut überwintertes Bienenvolk zu haben. Im Laufe des Winters sah mein Vater wiederholt nach den Fluglöchern, verengte sie nach Bedarf mit kleinen Hölzchen, um Unruhen, von Vögeln oder Mäusen verursacht, fernzuhalten. Letzteren stellte er fleißig mit Fallen nach. Ferner möchte ich noch berichten, daß damals monatlich die Neue Bienenzeitung vom Freudenstein-Verlag aus Marburg kam. Sie brachte gewiß manche gute Anregung. Auch damals wollte man in der Zucht weiterkommen. So kann ich mich entsinnen, daß mein Vater sich Königinnen schicken ließ, wohl im Einvernehmen mit dem Imkerverein und den Imkerfreunden. Sie kamen in kleinen, mit luftdurchlässiger Gaze und Glasfensterchen versehenen Kästchen. Über die Art und Weise der Zusetzung und über den Erfolg dieser Maßnahme kann ich nichts sagen.[26]

Abb. 238) Bienenhaus mit Kästen. Besitzer Theodor Kreienkamp, Kirchhellen-Haisinghausen, Kr. Recklinghausen. In den zwanziger Jahren wurde ein einfacher Bienenstand zu diesem Bienenhaus umgebaut, das seitdem im wesentlichen unverändert blieb.

Abb. 239) Bienenhaus. Plettenberg-Oesterau, Kr. Altena.

Abb. 240) Bauer mit einer Fuhre Bienenkästen. Nienberge bei Münster.

Abb. 241) Drei Bienenkörbe. Der mittlere Korb ist mit halbierten Brombeerranken geflochten, die beiden anderen mit gespaltenem Rohr. Hamaland-Museum Vreden, Kr. Ahaus.

Abb. 242) Anfertigen eines Bienenkorbes. Der Korb ist fertig geflochten. Die letzten Strohhalme werden abgeschnitten. Preußisch Ströhen, Kr. Lübbecke. Die Aufnahme entstand bei den Dreharbeiten zu dem Film „Flechten eines Bienenkorbes", Göttingen 1961.

Abb. 243) Anbau von Runkeln (Futterrüben). Vereinzeln der Pflanzen. Dingden, Kr. Borken, 1950.

Abb. 244) Runkelrübenernte. Wiedensahl, Kr. Nienburg.

Abb. 245) Anlegen einer Runkelkuhle (Miete), 1,5 m breit, 25 cm tief. Die Runkeln werden darin etwa 1 m hoch aufgestapelt und mit einer Strohschicht bedeckt. Kurz vor dem Frost wird das Ganze mit einer 30 cm dicken Erdschicht bedeckt. Wiedensahl, Kr. Nienburg.

Abb. 246) Kartoffelaufsuchen in Nachbarschaftshilfe. Lübbecker Land 1950/51.

Abb. 247) Sortieren der geernteten Kartoffeln. Wehdem, Kreis Lübbecke

Abb. 248) Katharina Storm beim Kartoffelschälen. Catenhorn bei Rheine, 1951.

Abb. 249) Torfabbau im Amtsvenn bei Epe, Kreis Ahaus, 1918.

Abb. 250) Torfabbau im Emsdettener Venn um 1900. Das „Aufringen“ der „Tunnen“.

Abb. 251) Torfstechen im Hiller Moor um 1940. Mädchen mit Torfschubkarre. Hille, Kr. Minden.

Abb. 252) Fertige „Buschen" am Rand der Schlaghecke. Hof Westhues, Nienberge, Kr. Münster.

Abb. 253) „Buschen" aufgestellt an den „Knubben" der geschlagenen Wallhecke.

Abb. 254) Knecht holt aus dem Holzschuppen „Buschen" und Brennholz ins Haus. Nienberge, Kr. Münster.

Abb. 255) Einfahren von „Buschen". Nienberge, Kr. Münster.

Abb. 256) Der Besenbinder bei der Arbeit. Kr. Lübbecke.

Anmerkungen

1: Archiv für westfälische Volkskunde (AwVk) Ms. Nr. 274, Wilhelm Sundermann, Ladbergen, Altkreis Tecklenburg, 1953 – Einsendung zur Frageliste 5: „Essen und Trinken. Tageslauf im Haushalt." – Zu diesem Thema befinden sich 178 handschriftliche Berichte im AwVk.

2: AwVK Ms. Nr. 1641, Ernst Langenbach, Lünen. Bericht aus dem südlichen und östlichen Münsterland, 1959 – Einsendung zur Frageliste 18: „Knechte und Mägde" – Zu diesem Thema befinden sich 110 handschriftliche Berichte im AwVk. Ein Teil dieser Berichte ist veröffentlicht bei: Dietmar Sauermann (Hrsg.), Knechte und Mägde um 1900, Berichte aus dem Archiv für westfälische Volkskunde, Münster 1979.

3: AwVk Ms. Nr. 1035, Fritz Lippert, Borlinghausen, Altkreis Warburg, 1957 – Einsendung zur Frageliste 26: „Die Stube im Bauernhause" – Zu diesem Thema befinden sich 81 handschriftliche Berichte im AwVk. Ein Teil dieser Berichte ist veröffentlicht bei: Sabine Hacke-Reuter (Hrsg.). Die Stube im westfälischen Bauernhaus, Münster 1986.

4: AwVk Ms. Nr. 755, Dr. Wilhelm Warning, Loxten, Altkreis Halle, 1955 – Einsendung zur Frageliste 24: „Öfen und Heizgeräte" – Zu diesem Thema befinden sich 106 handschriftliche Berichte im Archiv für westfälische Volkskunde.

5: AwVk Ms. Nr. 1025, Clemens Schnell, Hagen, Altkreis Arnsberg, 1956 – Einsendung zur Frageliste 24: „Öfen und Heizgeräte".

6: AwVk Ms. Nr. 1991, Dietrich Buhre, Bierde, Altkreis Minden, 1961 – Einsendung zur Frageliste 30: „Sitzgeräte" – Zu diesem Thema befinden sich 52 handschriftliche Berichte im Archiv für westfälische Volkskunde.

7: AwVk Ms. Nr. 2258, Ernst Langenbach, Lünen, 1963 – Freies Thema.

8: AwVk Ms. Nr. 928, Ernst Große Brauckmann, Langschede, 1956 – Berichtsort: Der Brauck bei Lenningsen, Altkreis Unna – Einsendung zur Frageliste 22: „Fußböden" – Zu diesem Thema befinden sich 66 handschriftliche Berichte im Archiv für westfälische Volkskunde.

9: AwVK Ms. Nr. 731, Heinrich Bügener, Ahaus, 1955 – Einsendung zur Frageliste 22: „Fußböden".

10: AwVk Ms. Nr. 1083, Dr. Wilhelm Warning, Loxten, Altkreis Halle, 1957 – Einsendung auf die Frageliste 28: „Brunnen" – Zu diesem Thema befinden sich 89 handschriftliche Berichte im Archiv für westfälische Volkskunde.

11: AwVk Ms. Nr. 3651, Heinrich Marx, Bödefeld, 1969 – Berichtsort: Henkenbrink, Gemeinde Falkenhagen/ Lippe – Einsendung zur Frageliste 28: "Brunnen".

12: AwVK Ms. Nr. 2150, Fritz Lippert, Borlinghausen, Altkreis Warburg, 1962 – Einsendung auf die Frageliste 34: „Körperflege" – Zu diesem Thema befinden sich 74 handschriftliche Berichte im Archiv für westfälische Volkskunde.

13: AwVk Ms. Nr. 2536, Wilhelm Elling, Vreden, 1965 – Berichtsorte: Vreden und Stadtlohn, Krs. Borken – Freier Bericht – Zum Thema: „Wäschewaschen" befinden sich 18 handschriftliche Berichte im Archiv für westfälische Volkskunde.

14: AwVk Ms. Nr. 1657, Wilhelm Sundermann, Ladbergen, Altkreis Tecklenburg, 1959 – Freier Bericht.

15: AwVk Ms. Nr. 3734, Josef Müntefering, Geseke, Altkreis Lippstadt, 1969 – Freier Bericht.

16: AwVk Ms. Nr. 3561, Otto Balkenholl, Hemmerde, Kreis Unna, 1969 – Freier Bericht – Zum Thema Hausschlachtung befinden sich 21 Berichte im Archiv für westfälische Volkskunde.

17: AwVk Ms. Nr. 1887, Friedrich Möring, Lübbecke, Altkreis Lübbecke, 1960 – Freier Bericht.

18: AwVk Ms. Nr. 3481, Friedrich Allewelt, Fabbenstedt, Altkreis Lübbecke, 1969 – Einsendung zur Frageliste 32: „Pferde" – Zu diesem Thema befinden sich 76 handschriftliche Berichte im Archiv für westfälische Volkskunde.

19: AwVk Ms. Nr. 4210, August Göhner, Gohfeld, Kreis Herford, 1970 – Freier Bericht – Zum Thema „Vom Flachs zum Leinen" befinden sich 32 handschriftliche Berichte im Archiv für westfälische Volkskunde.

20: AwVk Ms. Nr. 549, Alfred Fischbach, Siegen, 1955 – Berichtsort Oberschelden, Kreis Siegen – Einsendung zur Frageliste 15: „Heuwiese und Heuernte" – Zu diesem Thema befinden sich 115 handschriftliche Berichte im Archiv für westfälische Volkskunde.

21: AwVk Ms. Nr. 3362, Rudolf Kröger, Eslohe, Altkreis Meschede, 1968 – Einsendung zur Frageliste 15: „Heuwiese und Heuernte".

22: AwVk Ms. Nr. 451, Johannes Brand, Benhausen, Kreis Paderborn, 1954 – Einsendung zur Frageliste 14: „Die Getreideernte" – Zu diesem Thema befinden sich 130 handschriftliche Berichte im Archiv für westfälische Volkskunde.

23: AwVk Ms. 6232, Arnold Bremer, Körbecke, Altkreis Warburg, 1982 – Einsendung auf die Frageliste 45: „Das Dreschen mit Maschinen" – Zu diesem Thema befinden sich 33 handschriftliche Berichte im Archiv für westfälische Volkskunde.

24: AwVk Ms. Nr. 1149, Dr. Wilhelm Kemper, Eickelborn, Kreis Soest, 1957, Altkreis Wiedenbrück – Einsendung zur Frageliste 1: „Vom Brotbacken in alter Zeit" – Zu diesem Thema befinden sich 146 handschriftliche Berichte im Archiv für westfälische Volkskunde – Ein Teil dieser Berichte ist veröffentlicht in: Martha Bringemeier (Hrsg.), Bäuerliches Brotbacken in Westfalen, 1980.

25: AwVk Ms. Nr. 4977, Dr. Otto Preising, Münster, 1973 – Berichtsort: Telgte, Altkreis Münster – Einsendung zur Frageliste 9: „Über Schäfer und Schafzucht" – Im Archiv für westfälische Volkskunde befinden sich zu diesem Thema 65 handschriftliche Berichte – Ein Teil dieser Berichte ist veröffentlicht in: Martha Bringemeier (Hrsg.), Über Schäfer und Schafzucht, 1954.

26: AwVK Ms. Nr. 5117, Ernst Gregory, Plettenberg-Oesterau, 1974 – Berichtsort: Plettenberg-Immecke – Einsendung zur Frageliste 12: „Bienenstand und Bienenhaltung" – Im Archiv für westfälische Volkskunde befinden sich zu diesem Thema 68 handschriftliche Berichte.

Bildnachweis

Bauernhofmuseum Bielefeld, 7

Baumann, A., Bielefeld, 160, 167, 168, 169, 172, 179

Becker, Manfred, Geisweid, 16, 144, 187, 212, 226

Bibow, G., Ahaus, 30, 74, 147, 156, 210

Bild-Such-Aktion der Volksbanken und Spar- und Darlehnskassen im Kreis Minden-Lübbecke, 2, 4, 12, 34, 38, 95, 115, 121, 137, 143, 146, 158, 166,171, 175, 177, 207, 233, 246, 247, 251, 256

Esseling, Vreden, 44, 53, 58, 84, 90, 91, 124, 127, 128, 131, 132, 136, 154, 183

Grimmelt, B.-Th., Gescher. Eine Stadt in alten Bildern, 1983, 33

Heimatmuseum Burgsteinfurt, 52

Heimatverein Dingden, 107, 114, 138, 201, 243

Holländer, A. , Emsdetten, 29

Holtmann, Dr., Markhausen, 45, 46, 51

Kerkhoff, Neuenkirchen, 150, 152, 153, 159, 161, 224, 237, 248, 250

Kreisbildstelle Borken, 65, 72, 139

Lindemann, Einbeck, 83, 97

Ludorff, A., Münster, 14

Museum für Deutsche Volkskunde, Berlin, 68

Rouppert, H. von, Wiedenbrück, 82

Reichling, Dr. H., Münster, 10, 227, 249

Risse, A., Nienberge, 98, 101,102,108, 109, 116, 120, 125, 126, 149, 189, 231, 240, 252, 253, 254, 255

Rottmann, J., Kirchhellen, 238

Privatbesitz, 25, 26, 35, 36, 37, 118, 119, 133, 148, 155, 162, 165, 174, 197, 208, 229, 234, 236, 239, 244, 245

Schäffer, Friedrich, Mennighüffen, 1, 8, 9, 39, 99, 106, 188, 191, 211

Schäffer, Gottlieb, Mennighüffen, 3, 5, 6, 32, 41, 62, 184, 204, 215

Schleich, Herbert, 134, 140, 141, 142, 157

Schmitt, Viktor, Münster, 24

Schmitz, Kirchhellen, 96

Schoneweg, E., Das Leinengewerbe, Bielefeld 1923, 113, 163, 170, 173, 181

Seyer, D., Haltern 57

Stöcker, Ahaus, 112

Wagner, Hans, Vlotho, 164

Weller, Oskar, Betzdorf/Sieg, 185, 186, 190, 198, 206, 209

Alle übrigen Fotos oder Reproduktionen wurden von Mitarbeitern der Volkskundlichen Kommission für Westfalen im Landschaftsverband Westfalen-Lippe aufgenommen.

Inhaltsverzeichnis

Ausgewählte Literatur

Stefan Baumeier, G. Ulrich Großmann, Wolf-Dieter Könenkamp:
Museumsführer. Westfälisches Freilichtmuseum Detmold. Landesmuseum für Volkskunde. Detmold 1982.

Walter Borchers:
Volkskunst in Westfalen. Münster: Verlag Aschendorff 1970 (Der Raum Westfalen IV, 4)

Martha Bringemeier (Hrsg.):
Über Schäfer und Schafzucht. Berichte aus den Beständen des Archivs für westfälische Volkskunde. Münster: Volkskundliche Kommission für Westfalen, 1954

Martha Bringemeier (Hrsg.):
Bäuerliches Brotbacken in Westfalen. Münster: F. Coppenrath Verlag 1980 (Beiträge zur Volkskultur in Nordwestdeutschland, 22)

Renate Brockpähler (Hrsg.):
Aus dem Leben einer Bäuerin im Münsterland. Gertrud Rolfes berichtet.
Münster: F. Coppenrath Verlag 1981 (Beiträge zur Volkskultur in Nordwestdeutschland, 25)

Renate Brockpähler (Hrsg.):
Bauerngärten in Westfalen. Berichte aus dem Archiv für westfälische Volkskunde.
Münster: F. Coppenrath Verlag 1985 (Beiträge zur Volkskultur in Nordwestdeutschland, 45)

Wilhelm Elling:
Alte Möbel im Westmünsterland. Vreden: Heimatverein Vreden, 1980 (Beiträge des Heimatvereins Vreden zur Landes- und Volkskunde, 15)

Volker Gläntzer:
Ländliches Bauen vor der Industrialisierung. Münster: F. Coppenrath Verlag, 1980 (Beiträge zur Volkskultur in Nordwestdeutschland, 12)

Sabine Hacke-Reuter (Hrsg.):
Die Stube im westfälischen Bauernhaus. Münster: F. Coppenrath 1986 (Beiträge zur Volkskultur in Nordwestdeutschland, 50)

Joachim Hähnel:
Stube. Wort- und sachgeschichtliche Beiträge zur historischen Hausforschung. Münster: Verlag Aschendorff, 1984 (Schriften der Volkskundlichen Kommission des Landschaftsverbandes Westfalen-Lippe, 21)

Wilhelm Hansen:
Hauswesen und Tagewerk im alten Lippe. Ländliches Leben in vorindustrieller Zeit. Münster: Verlag Aschendorff 1982 (Schriften der Volkskundlichen Kommission für Westfalen, 27)

Franz Jostes:
Westfälisches Trachtenbuch. Volksleben und Volkskultur in Westfalen, die jetzigen und ehemaligen westfälischen und schaumburgischen Gebiete umfassend. 2. Auflage bearbeitet und erweitert von Martha Bringemeier, Münster: Heckmann 1961

Wingolf Lehnemann:
Irdentöpferei in Westfalen. 17. bis 20. Jahrhundert. Münster: Verlag Aschendorff, 1978 (Schriften der Volkskundlichen Kommission für Westfalen, 24)

Wingolf Lehnemann:
Eisenöfen. Entwicklung - Form - Technik. München: Callwey Verlag 1984

Dietmar Sauermann (Hrsg.):
Knechte und Mägde in Westfalen um 1900. 2. Auflage. Münster: F. Coppenrath Verlag, 1979 (Beiträge zur Volkskultur in Nordwestdeutschland, 1)

Dietmar Sauermann (Hrsg.):
Aus dem Leben eines Heuerlings und Arbeiters. Rudolf Dunkmann berichtet. Münster: F. Coppenrath Verlag 1980 (Beiträge zur Volkskultur in Nordwestdeutschland, 23)

Josef Schepers:
Haus und Hof westfälischer Bauern. Mit Vorwort und Beitrag von Gustav Wolf. Münster: Verlag Aschendorff, 1960

Bruno Schier und Irmgard Simon:
Flechten eines Bienenkorbes E 394/1961 Göttingen: Institut für den Wissenschaftlichen Film, 1972 (Encyclopaedia Cinematographica)

Gerda Schmitz:
Vom Flachs zum Leinen. Flachsverarbeitung und Weben vor 1920 im Amt Rahden. Begleitveröffentlichung zu dem gleichnamigen Film, hergestellt im Auftrag der Landesbildstelle und der Volkskundlichen Kommission für Westfalen von Klaus Messerschmidt, Gerda Schmitz und Hinrich Siuts, Münster: Volkskundliche Kommission 1975.

Eduard Schoneweg:
Das Leinengewerbe in der Grafschaft Ravensberg. Nach der Ausgabe von 1923... herausgegeben von E. H. Segschneider. Osnabrück 1985

E. H. Segschneider:
Imkerei des Osnabrücker Landes und benachbarter Gebiete. Osnabrück: Kulturgeschichtliches Museum, 1977 (Schriften des Kulturgeschichtlichen Museums Osnabrück, Reihe A, Heft 3)

Hinrich Siuts:
Bäuerliche und handwerkliche Arbeitsgeräte in Westfalen. Die alten Geräte der Landwirtschaft und des Landhandwerks. Mit Beiträgen von Fritz Barthelt, Max Elpers, Renate Elpers, Karl G. Heinisch, Wingolf Lehnemann, Thomas Ostendorf, Münster: Verlag Aschendorff 1982 (Schriften der Volkskundlichen Kommission für Westfalen, 26)

Agnes Sternschulte:
Die Gärten, Detmold: Westfälisches Freilichtmuseum, 1985 (Einzelführer des Westfälischen Freilichtmuseums Detmold, 5)

Annemarie Wurmbach:
Erntegeräte in Westfalen, in: Rheinisch-westfälische Zeitschrift für Volkskunde 4 (1957), S. 40 - 61

Damals bei uns in Westfalen

Bücher zur Landwirtschaftsgeschichte, Volkskunde und Volkskultur unseres Landes

Das westfälische Arbeitspferd
In diesem Buch werden Erinnerungen aus authentischen Berichten alter „Pferdeleute" wiedergegeben. Über 250 historische Fotografien ergänzen das erzählerische Bild des Arbeitspferdes in Westfalen auf dem Lande zwischen 1890 und 1960 und lassen das Buch zu einem Nachschlagewerk für junge und alte „Pferdenarren" werden.
172 Seiten, gebunden
Best.-Nr. 08053

Bauen und Wohnen in altem Fachwerk auf dem Lande
Mit rund 250 Fotos und Konstruktionszeichnungen bietet dieser Bildband einen Überblick über die Baugeschichte sämtlicher westfälischer Hauslandschaften.
183 Seiten, gebunden
Best.-Nr. 08001

Alltag auf dem Lande
Das Leben auf dem Lande, der bäuerliche Tagesablauf um die Jahrhundertwende, aufgezeichnet in Erinnerungen von Knechten und Mägden, in Erlebnisberichten von Menschen, deren Schicksal mit dem Landleben eng verbunden war.
Best.-Nr. 08000

Franz Jostes – Volkstracht und Mode
Für Landeskunde und Heimatforschung, aber auch für die Trachten- und Volkstanzgruppen hält dieses Werk umfassende Informationen bereit und dokumentiert mit rund 400 Abbildungen ein wichtiges Kapitel der alltäglichen Arbeitswelt damals bei uns in Westfalen.
208 Seiten, gebunden
Best.-Nr. 08037

Vom alten Brauch
Ländliches Brauchtum um die Jahrhundertwende, überlieferte Feste, Feiern und damit verbundene Rituale, wie sie fest in das Leben auf dem Lande eingebunden sind und von daher Sinn und Bedeutung erlangen, zeichnet dieser Bildband auf.
167 Seiten, gebunden
Best.-Nr. 08002

Alltagswelt in Kleinstadt und Dorf
In einem reich bebilderten Überblick werden die regionalen Strukturen der Lebensweisen in Kleinstadt und Dorf deutlich, wie sie vor Beginn der großen Veränderungen in Westfalen anzutreffen waren.
175 Seiten, gebunden
Best.-Nr. 08003

Alltagswelt der Kinder 1800–1945
Dieses reich bebilderte Kaleidoskop einer vergangenen Zeit wird Erinnerungen an ähnliche Erlebnisse oder Erfahrungen wach werden lassen oder Erstaunen und Kopfschütteln über damalige Verhältnisse hervorrufen.
168 Seiten, gebunden
Best.-Nr. 08007

„Augustin Wibbelt"-Werkausgaben:

Drüke-Möhne I
Lustige Geschichten in münsterländer Mundart.
Drüke-Möhne II + III

De Pastor von Driebeck
Erzählung in niederdeutscher Sprache.

Schulte Witte I
In de Stadt.
Schulte Witte II
Trügg up't Land.

Windhok
Kleinstadt-Geschichten.

Mäten – Gaitlink
Gedichte in münsterländer Mundart.

Augustin Wibbelt
De lesten Blomen
Vertellsels ut'n Mönsterlanne.

Augustin Wibbelt
Das Plauderbüchlein
Kindheit und Jugend auf einem westfälischen Bauernhof um 1870, desweiteren Erinnerungen der Elisabeth Wibbelt.

Augustin Wibbelt
Alles Gute – alles Schöne!
Ein bunter Strauß meist heiterer Geschichten.